굿피플을 소개합니다

믿음을 나누는 웨슬리의 7가지 방법

Copyright ⓒ 2015 by Abingdon Press
Originally published in English as *Meet the Goodpeople: Wesley's Seven Ways to Share Faith*
by Abingdon Press, Nashville, TN, U.S.A.
All rights reserved.

This Korean translation edition Copyright ⓒ 2022 by Wesley Renaissance Publishing Co., Bucheon, Republic of Korea.

This Korean edition is published by arrangement of United Methodist Publishing House through rMaeng2, Seoul, Republic of Korea.

이 한국어판의 저작권은 알맹2 에이전시를 통하여 미국 United Methodist Publishing House와 독점 계약한 웨슬리 르네상스에 있습니다. 저작권법에 의하여 한국 내에서 보호받는 저작물이므로 무단 전재와 무단 복제를 금합니다.

> 이 책은 아미성결교회 창립 50주년을 기념해 정기순 권사님의 재정적 후원으로 번역되었습니다. 아미성결교회와 목석균 담임목사님, 정기순 권사님의 기도와 후원과 사랑에 깊이 감사드립니다.

Meet the Goodpeople:
Wesley's Seven Ways to Share Faith

굿피플을 소개합니다

믿음을 나누는 웨슬리의 7가지 방법

로저 로스 지음 | 장성결, 장기영 옮김

웨슬리 르네상스

역자 서문

'굿피플'(goodpeople)은 아직 신앙생활을 시작하지는 않았지만 성령께서 선행은총(prevenient grace)으로 그 마음 밭을 일구고 계시기에 주님께 마음을 열 준비를 갖춰 가고 있는 사람들을 말합니다. 그들은 가정생활, 직장생활, 인간관계, 사회생활에 아무 문제가 없음에도 늘 무엇인가가 부족함을 느끼며 자신보다 더 큰 존재와 소통해야 할 필요성을 발견하고 있습니다. 이 책의 저자 로저 로스는 많은 경험 사례와 연구 자료를 통해 굿피플이 우리 주변 어디에나 존재하고 있음을 잘 보여 주고 있습니다.

문제는 교회와는 거리감을 느끼는 그들에게 어떻게 다가가 믿음을 나누고 공동체에 정착하게 할 수 있는지에 있습니다. 저자는 18세기 영국의 존 웨슬리가 많은 사람을 믿음으로 이끈 일곱 가지 방법을 오늘의 상황에 맞게 탁월하게 재해석해 우리에게 전해 주고 있습니다. 코로나 이후 교회 회복의 방법을 고민하고, 이웃에게 다가가기를 원하는 모든 목회자, 평신도 지도자, 신실한 교사, 성도들이 이 책을 통해 신앙적 도전과 감동, 영적 통찰력과 실천 방법을 얻게 되기를 소망합니다.

아울러 웨슬리 신학과 목회 자료 전문 출판사인 웨슬리 르네상스가 앞으로도 웨슬리안 목회와 영성에 관한 훌륭한 자료를 지속적으로 출판할 수 있도록 계속적인 기도와 관심, 후원을 부탁드립니다.

2022년 7월
장기영 박사

차례

감사의 글　　7

서문: 그들은 어디에나 있다　　9

1장 능력의 근원을 가까이하라　　25

2장 사람들을 찾아가라　　55

3장 쉽게 전하라　　79

4장 마음을 읽으라　　99

5장 삶을 함께하라　　119

6장 모두가 참여하게 하라　　145

7장 세계로 나아가라　　169

결론: 지금은 안 될 이유가 있는가?　　189

탁월한 저술가이자 가장 행복한 골퍼이셨던

아버지 휴 로스께 이 책을 바칩니다

사람들에 대한 아버지의 사랑이 이 책에 녹아 있습니다.

감사의 글

"소망이 더디 이루어지면 그것이 마음을 상하게 하거니와
소원이 이루어지는 것은 곧 생명 나무니라" (잠 13:12).

이 책은 내 마음의 책꽂이에 언제나 자리하고 있었지만 실제로 집필로 이어지는 데는 10년이나 지체되었습니다. 만약 2년 전 한 소그룹 모임이 이 책의 출판을 위해 기도를 시작하지 않았다면 이 책은 여전히 내 마음에만 존재하고 있었을 것입니다. 집필이 아직 시작되지 않았을 때 믿음을 가지고 기도해 준 톰 알빈(Tom Albin), 패티 알트스테터(Patty Altstetter), 마이크 포츠(Mike Potts), 테레사 프랫(Teresa Pratt), 바브 러셀-크레이(Barb Rudsell-Cray), 톰 텀블린(Tom Tumblin)에게 감사를 표합니다. 1년 넘게 책의 집필을 위해 계속 기도로 동역해 준 스프링필드 제일연합감리교회의 목회자들께도 감사드립니다.

집필 과정에서 자기 회의에 빠지거나 긴급한 일들로 방해받을 때는 하나님께서 천사를 보내 주셨습니다. 꼭 그래야 할 이유가 없었는데도 저술가이자 편집자인 에디 존스(Eddie Jones)는 개인적으로 관심을 보여 주면서 책을 집필할 수 있다는 용기를 갖게 해주었습니다. 놀랍게도 애빙던출판사의 친절한 직원들은 이 책의 가치를 알아보고 나를 믿어 출판을 감행했습니

다. 탁월하게 도와주고 훌륭하게 작업해 준 코니 스텔라(Connie Stella), 켈시 스피나토(Kelsey Spinnato), 페기 셰론(Peggy Shearon), 스티븐 그레이엄-칭(Stephen Graham-Ching)에게 감사드립니다.

집필 과정 내내 패티 알트스테터는 하나님께서 보내신 격려자로서 나를 도와주었습니다. 작업이 교착 상태에 빠졌을 때도 계속 신뢰를 보여 주고 총106편의 초고에 긍정적으로 반응해 준 데 대해 감사드립니다. 책을 훌륭하게 편집하고 디자인해 준 신디 아놀드(Cindy Arnold)에게도 감사드립니다.

하나님께서는 또한 천사들의 합창을 사용하셨습니다. 내가 속했던 모든 신앙 공동체가 내 삶에 끼친 큰 영향력이 이 책에 스며들어 있습니다. 내가 예수님을 알 수 있게 해준 이분들께 감사드립니다. 또 이 일을 할 수 있도록 격려를 아끼지 않은 스프링필드 제일연합감리교회의 환상적인 사역팀과 훌륭한 성도님들께 깊은 감사를 표합니다. 나는 이분들과 함께 웨슬리의 방법을 직접 실행에 옮길 수 있어서 행복합니다.

마지막으로 이 꿈이 실현되기까지 하루도 빠짐없이 나를 지지해 주고 희생하며 사랑해 준 아내 리앤(Leanne)과 아이들 잭(Zach)과 제인(Jane)에게 특별히 고마움을 전합니다. 내 인생에서 여러분이 최고의 천사들입니다. 이제 작년에 마지막으로 했던 보드 게임을 다시 시작할까요!

로저 로스(Roger Ross)

서문: 그들은 어디에나 있다

"나는 어린 시절을 일리노이주 어배나에 있는 교회에 출석하며 자라났습니다. 나의 어머니는 아이들이 자신의 믿음을 물려받길 바라시는 신실한 그리스도인이셨습니다. 아침형 인간이 아닌 데다 규칙 따르기를 힘들어했음에도 나는 매주 어쩔 수 없이 주일예배와 수요일 학생부모임에 나가야 했습니다.

성인이 된 후에는 앞으로는 교회에 다니지 않아도 된다는 것이 기뻤습니다. 교회 가는 것을 멈추고, 하나님에게서 최대한 멀리 달아났죠. 한동안 모든 것이 좋아 보였습니다. 그런데 언젠가부터 무엇인가에 대한 갈망이 나를 괴롭히기 시작했습니다. 나는 그것이 반드시 채워지지 않으면 안 될 영적 공허함이라는 것을 깨닫게 되었습니다."

― 지넷 (Jeannette, 41세)

조(Joe)와 셀리(Sally)라는 굿피플을 소개합니다. 이 부부는 각종 고지서를 제때 납부하고, 이웃의 정원 관리를 도울 뿐 아니라, 청소년 클럽에서 자원봉사를 합니다. 지금껏 범죄를 저지른 적이 없고, 강아지에게 화풀이하지 않으며, 하나님을 모릅니다. 겉으로 보기에 그들의 삶은 괜찮은 것으로 가득합니다. 결혼생활도 괜찮고, 직장도 그렇습니다. 그러나 그들은 내면적으로도 괜찮다고 느끼지는 않습니다. 꼬치꼬치 캐물으면 결국 그들은 자신들의 삶에 무엇인가가 부족하다고 인정할 것입니다. 그들 삶의 중심에는 아무리 채워 보려 노력해도 사라지지 않는 어떤 공허함이 자리 잡고 있습니다. 그들은 밝고 유쾌하며, 마음 깊은 곳에 자신들보다 더 큰 무엇인가와 소통하고 싶어 하는 갈망이 있지만, 어떻게 그럴 수 있는지 또 그것이 가능한지 알지 못한다고 인정하는 솔직한 사람들입니다. 그들이 생각하기에 교회는 너무나 지루하고 시대에 뒤쳐져 있으며, 오늘날 시장에 난무하는 영적 안내서와 많은 종교 중 무엇이 신뢰할 만한지는 판단하기조차 쉽지 않습니다. 그런데도 그들은 어린아이가 기도하는 모습을 볼 때면 '나도 저렇게 하나님께 말할 수 있으면 얼마나 좋을까' 하고 생각합니다. 이것이 기독교 이후 시대에 접어든 미국인들의 모습입니다.

이같이 새로운 영적 상황에 직면해 있는 사람들은 우리의 친구인 조와 샐리만이 아닙니다. 저명한 전도학자 조지 헌터(George Hunter) 교수는 그들처럼 사실상 비기독교인이 된 미국인의 수가 적어도 1억 8천만 명은 된다고 추산합니다. 앞선 세대들이 유지해 오던 영적 지형과 전혀 다르게, 현재 미국은 서반구에서는 가장 큰 선교대상지, 전 세계에서는 세 번째로 큰 선교대상지가 되었습니다.[1]

그와 동시에 미국 문화에서 영적인 것에 대한 호기심은 최고조에 달해 있습니다. 초자연적인 현상이나 미래에 세상을 점령하는 좀비들에 관한 텔레비전 프로그램과 영화가 급증했습니다. 구글에서 '영성'(spirituality)으로 검색하면 수억 개의 사이트가 나타납니다. 오늘날처럼 가치에 기반한 교육, 기업 윤리 강좌, 마음의 평화를 유지하기 위한 방법에 대한 지도가 긴요

---

[1] George G. Hunter III, *The Recovery of a Contagious Methodist Movement* (Nashville: Abingdon, 2011), 28.

하게 요구된 적은 과거에 없었습니다. 눈에 보이지 않는 세상이 어떻게 우리의 일상으로 침투해 들어오는지에 대한 끝없는 호기심이 사람들을 사로잡고 있는 듯합니다.

그럼에도 어떤 이유에서인지 이러한 '영적 관심'이 교회에서의 신앙생활로 이어지지는 않습니다. 스무 살에서 스물아홉 살까지의 교회에 다니지 않는 젊은이 중 81퍼센트는 하나님 또는 신이 존재한다고 믿으며, 74 퍼센트는 스스로를 영적이라고 말합니다. 그들에게 어떤 신앙적 행위를 하고 있는지 물어보면, 대다수가 "나는 영적이지만 종교적이지는 않습니다"[2]라고 답합니다. 서른 살 이상의 교회 다니지 않는 사람들 역시 '종교적인' 행위에 대해서는 유사한 반감을 나타내곤 합니다.

여기에 딜레마가 있습니다. 어떻게 하면 자기 스스로는 채울 수 없는 공허함을 느끼는 현명하고 영적 호기심 많은 사람이 예수 그리스도께 대한 신앙을 갖게 하고, 또 하나님 중심적인 삶을 살 수 있도록 자신들을 도와줄 사랑의 공동체를 찾게 할 수 있을까요? 이 질문은 대학 1학년 때 예수님을 따르기로 결정한 이후로 언제나 나를 괴롭혀 왔습니다. 오랜 세월 나는 개인적으로 신앙을 나누고, 소그룹 성경공부 모임을 이끌고, 사람들을 예배로 초대하는 등 여러 방법을 동원해 사람들이 하나님께 마음의 문을 열도록 격려해 왔습니다. 또 사람들을 모아, 길거리를 다니거나 바다까지 건너가 가난한 사람들을 돕기도 했습니다. 감사하게도 하나님께서는 그 각각의 방법

2　Ed Stetzer, Richie Stanley, and Jason Hayes, Lost and Found (Nashville: B&H, 2009), 20-21 [에드 스태저, 리치 스탠리, 제이슨 헤이즈, 『교회여 청년을 살려라』, 김광석 역 (서울: 요단출판사, 2013)].

을 사용하셔서 많은 사람이 인생을 변화시키는 신앙과 연결되게 해주셨습니다. 하지만 그 방법들은 상당히 무작위적이어서, 분명 사람들을 새로이 구원받은 삶으로 인도하는 더 나은 체계적인 방법이 있을 것이라는 생각이 들었습니다. 그리고 그 생각이 옳았습니다.

초대교회가 처음으로 그 방법을 사용했습니다. 사도행전 2장은 교회를 위한 하나님의 계획을 아름답게 묘사합니다. 성령으로 빚어진 이 공동체는 한마음 한뜻이 되어 하나님을 경외하고 서로를 사랑했는데, 이런 일은 그들 중 누구도 과거에 경험해 보지 못한 것이었습니다. 그들은 마음을 같이하여 성전에 함께 모여 기도하고 예배했을 뿐 아니라, 각 사람의 집에서도 기쁨으로 떡을 떼며 함께 음식을 먹었는데, 하나님께서는 그들로 온 백성의 칭송을 받게 하셨습니다. 그 결과 사랑을 그 특징으로 지닌 사람들의 수는 급격히 늘어났고, 주님께서는 "구원받는 사람을 날마다 더하게"[3] 하셨습니다.

이 구절에서 "날마다"라는 표현이 사용된 것을 알고 계셨나요? 하나님께서는 주일에만 구원받는 사람을 더하게 하신 것이 아니었습니다. 사람들이 구원받는 일은 특별히 복음적인 예배를 드리는 중에만 일어난 것이 아니었습니다. 깊은 영적 변화는 날마다 일어났습니다. 그리고 이것은 하나님께서 교회생활을 통해 본래 계획하신 것이었습니다. 새로운 사람들이 주중에도 주일 못지않게 믿음으로 나올 수 있었습니다. 그렇다면 지금은 왜 그렇게 하는 것이 매우 부자연스럽게 느껴질까요? 그것은 필시 우리가 날마다 경험하고 있는 현재의 교회생활에 중요한 무엇인가가 빠져 있어서, 우리

---

3   행 2:47.

가 그것을 다시 발견하고 재정립해야 하는 상황에 처해 있기 때문이 아닐까요? 사도행전 2장의 새로운 신앙공동체는 삶의 모든 걸음 속에서 사람들을 이끌어 삶을 변화시키는 하나님의 운동에 참여시켰습니다.

우리가 지금까지 경험한 일들은 나에게 조와 샐리처럼 교회와 거리가 먼 굿피플도 그 같은 하나님의 일에 참여하게 할 수 있음을 알게 해주었습니다. 1994년 아내와 나는 교회를 새로 개척하기 위해 일리노이주 샘페인(Champaign)으로 이사했습니다. 우리는 사람도, 건물도, 땅도 (그리고 아내의 말로는 '아무런 생각'조차) 없었지만, 우리에게 도움이 될 만한 세 가지가 있었습니다. 곧 (1) 수백 명의 성도의 기도와 (2) 우리 교단에서의 경제적 지원, (3) 그리고 교회에 다니지 않는 사람들을 위해 교회를 세우겠다는 뜨거운 비전이었습니다.

그 후 우리는 13년 동안, 교회는 다니지는 않았으나 영적인 것에 호기심을 가졌던 수백 명의 사람이 예수 그리스도께로 삶을 돌이켜, 세상의 잃어버린 자 곧 가장 작고 외로운 사람들을 찾아가는 그분의 사역에 동참하는 것을 보았습니다. 모교회가 계속 성장해 매주 거의 800명의 어린이, 학생, 장년 성도가 출석하게 되자, 2004년에는 지교회를 세워 공동체 속으로 들어가는 그리스도의 사역을 더 확장했습니다. 사람들이 삶을 그리스도께로 돌이키는 변화는 거의 일상적인 경험이 되었습니다. 사람들을 신앙으로 인도한 후 그들이 또 다른 사람들을 섬겨 유익을 끼치도록 공동체 속으로 돌려보내는 영적인 활력이 있었습니다. 우리는 우리보다 더 큰 무엇인가의 일부임을 느낄 수 있었습니다.

이러한 사역을 시작할 무렵 나는 우연히 메소디스트 부흥운동의 창시자 존 웨슬리가 18세기 영국의 신앙적 부흥을 일으키는 데 사용한 방법들에 대해 읽게 되었습니다. 그 방법들은 웨슬리가 당시의 교회와 문화에 그리스도를 전하면서 직면한 도전을 해결하는 과정에서 생겨난 것들이었습니다. 영국 국교회 목사로서 웨슬리는 영국의 대다수를 차지하는 사람에게 다가가지 못하는 교회의 무력함에 괴로워했습니다. 성직자들은 냉담했고, 예배는 생명력을 잃었으며, 가난한 노동자들은 마치 교회가 존재하지 않는 것처럼 살아갔습니다. 대부분의 주일에는 주로 사회 상류층에 속하는 소수의 사람만이 수백 명을 수용하기 위해 지은 텅 빈 교회당에 드문드문 앉아 있었습니다. 실제적인 모든 면에서 교회는 죽어 있었습니다.

이처럼 영적으로 바싹 메마른 시대에 하나님께서는 웨슬리의 마음에 불꽃을 일으키셨습니다. 1738년 5월 24일, 그는 썩 내키지 않는 마음으로 런던의 올더스게이트(Aldersgate)가에서 열린 한 기도 모임에 참석했습니다. 인도자가 읽어 주는 말씀을 듣던 중 갑자기 그는 마음이 "이상하게 뜨거워졌고",[4] 그것이 그를 변화시켰습니다. 웨슬리는 오랫동안 헌신적인 영국 국교회 신자로 살아왔습니다. 아버지 새뮤얼은 영국 국교회 목사였고, 어머니 수잔나는 그 아들에게 큰 영향을 끼친 경건한 여성이었습니다. 목회자 자녀로서 웨슬리는 신앙적으로 살아가는 것이 어떤 것인지 잘 알고 있었습니다. 하지만 그날 밤 이전과는 전혀 다른 새로운 일이 일어났습니다. 그는

---

4   John Wesley, May 24, 1738, *Journals and Diaries I (1735–1738)*, ed. W. Reginald Ward and Richard P. Heitzenrater, vol. 18 of *The Bicentennial Edition of the Works of John Wesley* (Nashville: Abingdon, 1988), 250.

난생처음 자신의 죄가 개인적인 차원에서 용서받았음을 느꼈습니다. 마치 눈에서 비늘 같은 것이 벗겨지듯(참고. 행 9:18-역주), 웨슬리는 처음으로 자기 자신의 선함을 의존하는 것이 얼마나 헛된 것인지를 깨닫게 되었습니다. 그래서 그는 일지에 이렇게 기록했습니다. "나는 내가 구원을 위해 그리스도, 오직 그리스도만을 신뢰하고 있음을 느꼈고, 그리스도께서 내 죄, 심지어 나 같은 사람의 죄까지도 가져가셨고, 죄와 사망의 법에서 나를 구원하셨다는 확신을 얻었다."[5]

그리스도의 용서하시는 사랑을 개인적으로 경험한 일은 웨슬리의 삶과 사역 모두를 변화시켰습니다. 그는 도덕적인 변화를 일으키지 못하고 종교적인 품위를 유지하는 데만 주된 관심이 있는 나약한 교회에 점점 더 만족할 수 없는 상태가 되었습니다. 하나님의 영이 웨슬리의 마음에 그 같은 거룩한 불만족을 일으키시자, 그는 전통적인 사역 방식에 매이지 않고 몇 가지 혁신적인 방법을 시도하게 되었습니다. 그리고 모든 사람이 놀랄 정도로 영적인 부흥이 영국과 그 너머에까지 퍼져나갔습니다. 머지않아 초기 메소디스트 부흥운동의 특징이 된 일곱 가지 실천 방법이 생겨났습니다. 교회에 다니지 않는 사람들에게 다가가기 위해 웨슬리가 실천한 방법을 간략히 요약하면 다음과 같습니다.

---

5 같은 곳.

1. 기도에 헌신하라

웨슬리는 당시의 교회가 잊고 있었던 것을 재발견했습니다. 바로 기도가 하나님께서 능력을 베푸시는 통로가 된다는 것입니다. 그는 기도를 "하나님께로 더 가까이 나아가게 하는 위대한 수단"[6]이라고 말하면서, 믿음으로 드리는 꾸준한 기도를 하나님이 일하시는 것을 보게 하는 필수적인 첫 걸음으로 여겼습니다. 그는 매일 최소한 두 시간을 개인적인 기도로 헌신해 그 신념을 몸소 실천했고, 뜨거운 기도를 메소디스트 부흥운동의 전형적인 특징으로 만들었습니다.

2. 사람들을 찾아가라

예수 그리스도의 사랑이 자신의 마음을 사로잡았을 때, 웨슬리는 그것을 혼자서만 간직해서는 안 된다는 사실을 알았습니다. 그는 결코 교회 마당을 밟으려 하지 않는 수많은 사람에게 다가갈 방법을 반드시 찾을 수 있을 것이라 확신했습니다. 처음에는 웨슬리 자신도 영국 국교회 교구의 교회당에서만 복음을 전해야 한다고 생각했습니다. 그러나 예배에 출석하는 사람들의 수가 너무나 적은 것을 보고는 다른 방법을 궁리할 수밖에 없었습니다. 그러다 망설임이 없지 않았으나 그는 야외에서 설교하기 시작했습니

---

6   John Wesley, Letter to Jane Catherine March (March 29, 1760), *Letters III, 1756-1765*, ed. Ted A. Campbell, vol. 27 of *The Bicentennial Edition of the Works of John Wesley* (Nashville: Abingdon, forthcoming).

다. 그는 도시 외곽 사람들이 잘 볼 수 있는 높은 지점을 찾아, 누구든 듣고자 하는 사람들을 향해 설교했습니다. 군중은 3천 명, 5천 명, 심지어 만 명이 모여 들었습니다. 하나님의 영은 그들 중 많은 사람을 만지셨고, 그들은 자신의 영적 상태를 자각하게 되었습니다. 영국에서 부흥운동이 시작된 것은 무엇보다 웨슬리가 기꺼이 사람들이 있는 곳으로 복음을 들고 가서 전했기 때문입니다.

3. 쉽게 전하라

교회가 신학적이고 이론적인 내용을 중점적으로 가르치면, 사람들은 대부분 "무슨 말인지 이해하기 힘들다"는 반응을 보입니다. 웨슬리 시대의 영국 국교회는 대중의 실제 삶에 깊이 다가가지 못했습니다. 그러나 예수님의 사역은 그와 정반대였습니다. 예수님이 말씀하시면 "많은 사람이 즐겁게 들었습니다."[7] 웨슬리는 참된 신앙과 사람들의 현실 사이에 존재했던 간격을 메우기를 간절히 바랐습니다. 그는 비록 최고의 고등교육을 받은 옥스퍼드 대학교의 교수이고 기독교 전통에 깊이 몸담고 있었지만, 자신의 깊은 학문을 결코 과시하지 않았습니다. 그는 "평범한 사람들을 위해 평이한 언어로 진리를" 전하기로 결심했습니다.[8] 그는 일반 대중이 기쁘게 복음을 듣고 응답할 수 있도록 의도적으로 쉬운 용어를 사용했습니다.

---

7 막 12:37.
8 John Wesley, "Preface to Sermons on Several Occasions"(1746), in *Sermons I: 1-33*, ed. Albert C. Outler, vol.1 of *The Bicentennial Edition of the Works of John Wesley* (Nashville: Abingdon, 1984), 104.

4. 음악으로 감동시키라

웨슬리 당시 사용된 영국 국교회 예배 음악의 표준은 라틴어로 된 그레고리오 성가와 웅장한 독일 음악이었습니다. 비록 가사가 중요한 의미를 담고 있더라도, 그런 음악은 일반 대중의 정서와 전혀 동떨어진 것이었고, 사람들의 마음에 감동을 주지 못했습니다. 웨슬리는 사람들이 있는 곳이면 어디든 직접 찾아다니면서, 사람들에게 친숙한 문화를 통해 복음을 전할 때 비그리스도인들이 가장 쉽게 받아들일 수 있다는 사실을 경험적으로 알게 되었습니다. 그래서 동생 찰스에게 당시의 인기 있는 곡조에 복음적인 가사를 붙여 보도록 조언했는데, 그렇게 만든 찬송이 사람들의 마음을 사로잡았습니다. 대중이 쉽게 이해할 수 있는 말을 사용하는 것이 당시의 문화 코드를 읽는 첫 단계였다면, 사람들의 영혼을 만지는 음악을 활용한 것은 그 두 번째 단계였습니다.

5. 소그룹 모임에 참여시키라

영국 각지를 찾아다니며 야외 설교를 하기 시작하면서 웨슬리는 곧 계속 반복되는 한 가지 문제와 맞닥뜨리게 되었습니다. 그것은 바로 사람들에게 계획적인 지원과 격려를 해주지 않는다면, 비록 그들이 설교를 통해 마음의 감동을 받고 심지어 하나님께 대한 신비한 체험을 했다 해도, 영적으로 새롭게 각성된 상태를 유지하지 못한 채 곧 과거의 상태로 되돌아가고 만다는 것이었습니다. 이에 웨슬리는 사람들을 끝까지 돌보는 책임을 다하기 위해,

영적으로 각성된 사람들을 '속회'나 그 외 다른 소그룹 모임에 참여시킬 수 있는 환경에서만 설교하고자 노력했습니다. 그의 목표는 사람들이 하나님과 일회적인 만남을 갖고 끝나는 것이 아니라, 그리스도를 믿는 믿음을 유지해 실제적이고 지속적인 삶의 변화를 경험하게 하는 것이었습니다. 이러한 마음과 삶의 변화는 다른 사람들과 지속적으로 삶을 공유하며 영적 가족이 될 때 가장 잘 이루어지기 때문입니다.

6. 평신도에게 맡기라

자기 자리에 가만히 앉아만 있는 그리스도인은, 마치 치열한 경기가 벌어지고 있는데 벤치에 앉아 한가하게 구경만 하는 팀원과도 같습니다. 그들은 다른 사람들이 일하는 것을 지켜보고만 있기 때문입니다. 기독교는 관람 스포츠가 되어서는 안 됩니다. 메소디스트 부흥운동이 빠르게 확산되자, 웨슬리는 곧 어머니의 조언을 따라 속회(소그룹 모임)를 이끌고 신도회(더 큰 집회)에서 설교할 사람을 남녀 가리지 않고 평신도 중에서 선발했습니다. 이처럼 평신도들의 영적 에너지를 발산할 통로를 열어 놓자 부흥운동은 더 빠르게 확산되었습니다.

7. 대중 매체를 활용하라

웨슬리 시대에 대중과 소통할 수 있게 하는 수단은 인쇄기였습니다. 웨슬리는 부흥운동을 북돋우기 위해 수많은 설교, 논문, 소책자, 서적을 집필해 많은 사람에게 배포했습니다. 그로 인해 현장에서 직접 그의 설교를 들어 본 적이 없었던 사람들도 다수 그의 글을 통해 그리스도를 알게 되었고, 또 그리스도 안에서 성숙해 갔습니다. 오늘날에는 인터넷과 각종 소셜 미디어의 발달로, 웹에 접속하는 모든 개인이 과거에는 상상할 수 없었던 방식으로 대중과 소통할 수 있는 개인 플랫폼을 가질 수 있게 되었습니다.

과거에 가능했던 것이 지금은 불가능한가?

이 일곱 가지를 동시에 행하고 성령에 의해 불이 붙자 메소디스트 부흥운동은 수십만 명의 삶을 변화시켰습니다. 또 그들이 일으킨 부흥은 영국이라는 한 나라의 영적·정치적 분위기를 변화시켰습니다. 대부분의 역사학자는 18세기 복음적 부흥운동이 당시 유럽 여러 나라에서 일어난 것 같은 피비린내 나는 혁명에서 영국을 지켜 주었다는 데 동의합니다. 감사하게도 부흥운동의 영향력은 거기서 멈추지 않았습니다. 웨슬리가 죽은 후 200년이 넘는 시간 동안 전 세계적으로 수천만 명의 그리스도인이 자신들의 영적 뿌리는 웨슬리와 초기 메소디스트 운동에 있음을 밝혀 왔습니다. 그 기간 동안 무슨 일이 일어났는지는 우리가 주목해 볼 만한 가치가 있습니다. 만약 우리 시대에 그 정도나 더 큰 규모의 영적부흥이 일어난다면 지금 세상이 어떻게 될지 상상해 보시기 바랍니다. 수많은 사람의 삶이 변화되고, 결혼생활이 회복되고, 아이들이 사랑받으며, 많은 범죄가 미리 예방되고, 새롭게 교회들이 개척되고 갱신되는 장면을 상상해 보십시오. 예수님의 이름으로 가난한 사람들이 다시 일어서고, 포로들이 자유케 되고, 민족들이 화해하며,

공동체들이 회복되고, 나라들이 재건되는 모습을 마음에 그려 보시기 바랍니다. 부흥이 가져올 가능성은 어마어마할 것입니다.

혹 이런 궁금증을 가질 수 있을 것입니다. '하나님이 그때 그 일을 하실 수 있었다면, 지금은 하실 수 없겠는가?' 하나님은 오늘날에도 영적 지도자들에게 기름을 부어 현재의 상황에 부합하는 일곱 가지의 실천을 통해 세상을 변화시키실 수 있지 않을까요? 그런 일이 일리노이주 샴페인에서 일어났습니다. 물론 그런 일이 오늘날에는 과거와 매우 다른 상황에서 이루어집니다. 나는 2007년부터 일리노이주 스프링필드(Springfield)에 있는 제일연합감리교회(First United Methodist Church)를 섬기는 기쁨을 누리고 있습니다. 높은 첨탑의 교회당을 가진 이 교회는 1821년에 설립되었습니다. 교회 초창기에는 미국 개척시대의 전설적인 설교자 피터 카트라이트(Peter Cartwright)가 와서 여러 번 설교하기도 했습니다. 에이브러햄 링컨도 이 교회의 부흥회에 참석했습니다. 우리는 이렇게 유서 깊은 이곳에서 하나님께서 지금도 어떤 일을 하고 계시는지 그 일면을 보게 되었습니다.

이 장의 시작 부분에 소개한 지넷의 간증으로 돌아가 봅시다. 그녀는 오랜 세월 마치 전력질주하듯 하나님에게서 멀리 달아나던 중, 어느 날 남편과 함께 예배에 참석하기 시작했습니다. 몇 개월이 지나자 두 사람은 새신자반에 모습을 나타냈습니다. 그리고 복음을 간략하게 제시하자 받아들였습니다. 그들은 아직 세례를 받지 않았기에, 우리는 그들이 교회에 등록하는 날에 맞추어 세례를 행하기로 했습니다. 그날이 가까워져 오면서 나는 그들이 예수님 안에서 새롭게 발견한 믿음에 대한 간증을 성도들에게 짧게 나눠 줄 수 있을지 물어보았습니다. 그리고 그 주일이 되자, 지넷은 자신이 어린 시절 교회에서 자라났음에도 어떻게 줄곧 하나님에게서 벗어나기만을 바랐는지, 또 이후에 어떻게 자신의 삶에서 느낀 영적 공허함을 채우고자 갈망하게 되었는지를 나누었습니다. 그러나 그 공허함은 쉽게 채워지지 않았고, 지넷은 언제부턴가 하나님과 영원히 분리되는 악몽까지 꾸기 시작했습니다. 그녀는 이렇게 말했습니다.

나는 하나님께 기도했어요. 당신 자신을 보여 주셔서 내가 믿을 수 있게 해달라고. 하지만 아무런 응답이 없었습니다. 나는 결국 그분 찾기를 포기하고, 속으로 내겐 이제 하나님이 존재하지 않으며, 내가 죄 속에 살다 지옥에 가도 상관없다는 결론을 내렸어요. 그게 그렇게 나쁘진 않을 거라고 생각한 거죠.

그러던 중 2007년 엄마가 뇌종양으로 돌아가셨어요. 그리고 그 후 두 번 꿈에 나타나셨어요. 첫 번째는 돌아가신 지 2개월이 지났을 때였는데, 찾아오셔서 행복하게 잘 지내고 있다고 말해 주셨어요. 두 번째 찾아오신 건 올해 2월이었는데, 그것이 내 인생을 바꾸는 계기가 되었어요.

엄마는 하나님의 메시지를 내게 전하러 오셨어요. 꿈에서 엄마가 거실에서 "준비해야 해. 그분이 곧 오실 거야"라고 말씀하신 것이 기억납니다. 나는 잠에서 깬 후 그 말의 의미를 정확히 이해할 수 있었어요. 나는 오랫동안 하나님의 보호 아래 있지 않았고, 이제 내 시간이 거의 끝나간다는 것이었어요.

나는 이 교회에 다니는 한 부부와 같은 직장에서 일하면서 친해졌고, 그들이 그리스도의 제자인 것을 알고 있었어요. 그래서 그 아내에게 내가 꾼 꿈을 말해 주며 교회에 한번 같이 나가 봐도 되겠는지 물어보았습니다. 물론 그녀는 매우 기뻐했어요! 나는 비록 예전에 들었던 설교에서 유익하다고 느낀 적이 없었지만, 이번엔 이런 생각이 들었습니다. '이번이 마지막 기회야. 뭐 나쁠 것이 있겠어?'

정말 나쁠 것이 없었습니다. 나는 설교를 들으며 엄청난 감동을 받았고 감정이 북받쳤어요. 폐회 기도를 드리는 동안 나는 눈물을 쏟으며 하나님께 용서를 구했고, 예수님을 구주로 영접했어요. 그 후로 하나님께서는 훌륭한 그리스도인들로 나를 에워싸셨고, 그들은 나의 믿음의 자매가 되었습니다. 이제 나는 하나님에게서 도망치는 것이 아니라 하나님을 향해 달려가고 있어요.

지넷이 간증을 마치자 고요함이 그곳에 가득했습니다. 우리는 어떤 초자연적인 분이 우리 중에 임하신 것을 느낄 수 있었습니다. 지넷과 그 남편이 세례를 받고 나자, 온 성도들이 절로 자리에서 일어나 우레 같은 박수와 기쁨의 환호성, 그리고 몇 명은 눈물을 머금은 미소로 그들을 환영했습니다. 교회의 성도들을 지켜보다 보면, 변화의 정도를 측정하는 계량기의 눈금이 급격히 달라지는 것을 느낄 때가 종종 있습니다. 우리 교회에서는 이 날이 바로 그런 경우였습니다.

그러나 이런 날은 드물게 경험하는 예외적인 것이 아닌, 교회가 일상적으로 경험하는 표준적인 것이 되어야 합니다. 그리고 만약 우리가 평소에도 하나님께서 사람들의 인생을 만지고 변화시키시는 것을 목격하고자 한다면, 우리는 먼저 하나님께서 지금도 그렇게 하실 수 있음을 믿어야 합니다. 그런 믿음을 가져야만 우리는 영혼들을 새롭게 구원할 수 있는 수단으로서 그 효과가 입증된 실천 방안들을 효과적으로 실행에 옮길 수 있게 됩니다. 그 실천 방안들 중 우리를 능력의 근원과 긴밀하게 연결해 주는 것이 바로 첫 번째 실천 사항입니다.

이 책을 통해 얻는 저자의 수입의 20퍼센트는 연합감리교회의 이름으로 리베리아와 다른 제3세계 나라들에서 깨끗한 물 제공, 교육 지원, 교회 건축, 선교 후원 등을 위해 사용됩니다. 사람들의 삶을 변화시키기 위한 사역에 세계 각국의 그리스도의 제자들과 함께 협력해 주시는 것에 감사드립니다.

1장 능력의 근원을 가까이하라

"하나님께서는 기도에 대한 응답이 아니고서는 일하시지 않는다."
- 존 웨슬리

우리는 새로운 힘이 필요했습니다. 넓은 미국 땅에 흩어져 있는 많은 교회처럼 우리 교회도 조용히 방향을 잃어 가고 있었습니다. 교인들 간의 관계는 여전히 좋았고, 필요한 재정도 채워졌지만, 매년 교인 수는 조금씩 줄어가고 구성원도 점점 노령화되고 있었습니다. 누구나 교회가 생명력을 잃어 가고 있음을 느낄 수 있었습니다. 새 담임목사인 나는 분위기를 쇄신해야 했지만, 어떤 시도를 해도 별다른 차이가 없었습니다. 영적인 변화를 위한 어떤 시도를 하더라도 거기에는 언제나 미묘하면서도 강한 저항이 있었습니다.

나는 서서히 교회에는 하나님의 능력이 나타나야 한다는 것을 깨닫기 시작했습니다. 교인들이 그리스도를 참되게 영접하려면 그들 각각이 하나님의 능력을 경험할 필요가 있었습니다. 그것은 쉽사리 이루어질 수 있는 일이 아니었습니다. 교인들은 지난 15년 동안 이 교회에서 누군가 회심하는 일을 본 적이 한 번도 없었다고 말했습니다. 상황을 듣고 보니, 오래전 교회에서 어떤 사람이 영적인 변화를 마지막으로 경험한 적이 있었는데, 그 일은 여러 교인의 심기를 불편하게 했고, 결국 그들이 합심해 교회 분위기를 '정상적으로' 되돌려 놓았다는 것입니다.

그 무렵 우리는 여성도들을 위한 주말 수련회를 계획하고 있었습니다. 그런데 기도로 준비할 때마다 계속 시편 63:5-6이 생각났습니다. 그 구절에서 다윗은 이렇게 기도합니다. "골수와 기름진 것을 먹음과 같이 나의 영혼이 만족할 것이라 나의 입이 기쁜 입술로 주를 찬송하되 내가 나의 침상에서 주를 기억하며 새벽에 주의 말씀을 작은 소리로 읊조릴 때에 하오리니."

성령께서 주시는 깨달음으로 받아들인 나는 그때부터 두 주간 새벽 3시에 알람을 맞춰 일어나 주말 수련회를 위해 기도했습니다. 나는 수련회 참석자 한 사람 한 사람의 이름을 불러가며 하나님께서 우리의 영적인 황폐함을 깨뜨리셔서 그들 중 누군가가 그리스도를 진정으로 영접하게 해주시기를 간구했습니다. 물론 나는 이 새로운 기도 생활에 대해 아무에게도 알리지 않았습니다. 그러나 나는 교회의 영적인 온도가 서서히 달라지는 것을 느낄 수 있었습니다. 수련회에 참여하기로 한 몇 사람이 이 일을 위해 하루 동안 기도하고 금식하기로 결정한 것입니다. 그들은 이전에 그런 일을 해본 적이 단 한 번도 없었습니다. 그들 중 한 사람은, 수련회에 참여한 한 사람이 생애 처음으로 그리스도를 영접하는 모습을 기도 중에 보았다고 나에게 말해 주었습니다.

금요일 밤 수련회가 시작되었을 때 사람들의 기대는 최고조에 달해 있었습니다. 주일 오후가 되자 기도 중에 보았다던 바로 그 교인이 자기 자리에서 일어나 이렇게 말했습니다. "나는 1년 이상 이 문제로 씨름해 왔습니다. 그렇지만 오늘 마침내 예수 그리스도를 나의 구주로 영접하기로 결심했습니다." 그곳은 눈물 방울이 떨어지는 소리마저 들릴 정도로 조용했고, 많은 사람이 눈물을 흘렸습니다. 그 한 영혼의 변화는 이 작은 시골교회를 가로막았던 영적인 장애물을 무너뜨렸습니다. 그로부터 3년 동안 24명이 넘는 사람이 그리스도를 영접했습니다. 이 모든 일은 하나님께서 새로운 은혜의 역사를 일으켜 주시기를 간절히 기도했던 몇몇 기도의 사람이 있었기 때문에 가능했던 것입니다.

기도는 하나님의 능력을 풀어 놓는 수단이 됩니다. 하나님의 능력이 나타나면, 영적 진전이 이루어집니다. 하나님께서 새로운 일을 이루고자 하실 때는 언제나 가장 먼저 기도할 사람들을 세우십니다. 기도는 모든 변화의 선봉장입니다.

참으로 모순적인 일은, 교회가 변화를 꺼린다는 점입니다. 혹 <케 세라 세라>(Que Sera, Sera)라는 노래를 아실지도 모르겠습니다. 이 노래는 1960년대에 방영된 <도리스 데이 쇼>(Doris Day Show)의 주제곡으로 유명한데, 그 제목은 스페인어로 '뭐든 운명대로 될 거야'라는 뜻입니다. 나는 어렸을 때 텔레비전을 보면서 그 의미가 무엇인지 깨닫기도 전에 이 노래의 가사가 머릿속에 각인되었습니다. 이 노래는 과거 로마 제국에서 인기 있었던 철학 사조인 스토아주의(stoicism)의 운명론적 사고를 내포하고 있습니다. 가사의 핵심은, 우리는 이미 결론이 정해진 닫힌 우주에 살고 있다는 것입니다. 모든 것의 결과가 이미 정해져 있습니다. 우리는 오래전에 쓰인 각본대로 살아가고 있고, 우리가 할 수 있는 유일한 선택은 미리 정해진 곤경을 운명으로 알고 체념하는 것입니다. 무엇이든 운명대로 될 것입니다. 그것을 바꿀 수는 없습니다.

물론 이러한 철학 사조는 성경적 신앙에 부합하지 않습니다. 만약 예수님께서 스토아주의의 운명론을 가르쳤다면 그분의 사역이 얼마나 많이 달라졌을지 한번 상상해 보시기 바랍니다.

"예수님, 저 사람은 중풍으로 침상에 누워 있습니다. 예수님이라 해서 할 수 있는 일은 아무것도 없습니다."

"주님, 그들은 나환자입니다. 그들을 도울 수 있는 방법은 없으니 그들에게 가지 마세요."

"예수님, 나사로는 이미 죽었습니다. 뭐라도 시도해 보시기에는 너무 늦으셨네요."

감사하게도 예수님은 아무것도 바랄 수 없는 운명론자들의 말에 귀 기울이지 않으셨습니다. 그분은 우리 하나님께서는 우리의 기도에 응답해, 현재 우리가 직면해 있는 현실을 변화시킬 능력이 있으실 뿐 아니라 실제로 변화시켜 주신다는 사실을 가르쳐 주셨습니다. 우리가 기도할 수 있게 하는 가장 중요하고도 유일한 원동력은, 모든 것이 바뀔 수 있고 결과는 아직 정해져 있지 않다는 데 있습니다.

아마도 당신이 이 책을 읽는 이유 역시 당신의 삶과, 당신이 사랑하는 사람들의 삶, 당신이 소속된 교회의 삶에서 하나님께서 새로운 일 행하시기를 바라기 때문일 것입니다. 만약 그렇다면 앞으로 당신은 당신이 지금 생각하는 것보다 더 중요한 역할을 하게 될 것입니다. 사도 바울은 고린도교회를 세우기 위해 자신과 아볼로가 감당한 역할을 설명하면서 "우리는 하나님의 동역자들이요"(고전 3:9)라고 말했습니다. 다시 말해, 우리에게는 하나님과 동역함으로 미래를 바꿀 수 있는 이루 말할 수 없는 특권이 있다는 것입니다. 어느 것도 확정되어 있지 않습니다. 우리의 기도는 인류 역사의 흐름까지도 바꿀 수 있습니다. 당신과 그 가족의 삶, 당신이 소속된 교회와 공동체, 당신의 나라와 세상의 미래는 아직 기록되지 않았습니다. 미래가 미리 기록되어 있는 역사책은 있을 수 없습니다. 모든 것이 열려 있습니다.

모든 것이 바뀔 가능성이 열려 있다면, 우리가 질문해야 할 것은 오직 "어떤 방법에 의해, 어떤 방향으로, 어느 정도까지 변할 수 있겠는가?" 하는 것입니다. 우리의 기도는 그 변화에 영향을 끼칩니다. 열린 미래를 위해 기도하는 것이야말로 18세기 영국의 메소디스트 부흥운동을 이끈 힘이었습니다. 웨슬리는 가장 왕성하게 활동하던 시기에 적어도 매일 두 시간 이상을 개인 기도 시간에 할애했을 뿐 아니라, 뜨거운 기도가 메소디스트 부흥운동을 결정짓는 뚜렷한 특징이 되었습니다. 그는 신학적으로나 삶에서의 실제적 경험을 통해서나, 하나님께서 일하시도록 하는 데는 끈질긴 기도가 반드시 그 첫걸음이 되어야 함을 확신했습니다. 그로부터 200년이 넘게 지난 지금, 존 웨슬리의 생애와 가르침에 기초한 개신교 교단들은 전 세계 133개 나라에서 8천만 명이 넘는 신자 수를 헤아리고 있습니다.[1]

확실히 기도는 모든 것을 변화시킵니다. 그러나 어떻게 그것이 가능할

---

1 World Methodist Council, "Member Churches," 2015년 5월 29일에 접속함, http://worldmethodistcouncil.org/about/member-churches/.

까요?

　하나님의 백성이 기도하는 것은 마치 심장을 이식하는 것과 같습니다. 기도는 우리로 하나님께서 지니신 그 마음을 갖게 합니다. 곧 하나님에게서 멀어져 깊은 곤경에 처한 영혼들을 긍휼히 여기는 마음입니다. 계속 기도할 때 우리 마음은 자기 자신만 생각하던 것에서 점점 방황하는 하나님의 자녀들에게로 향하는 것으로 바뀝니다. 하나님께서는 이러한 새 마음을 주시는 것에 대해 에스겔서에서 다음과 같이 말씀하십니다. "또 새 영을 너희 속에 두고 새 마음을 너희에게 주되 너희 육신에서 굳은 마음을 제거하고 부드러운 마음을 줄 것이며."[2]

　이 새 마음은 파괴적인 자기 중심성을 통해 자신을 발견하려 하든, 반대로 도덕적 규율을 따름으로 자신의 선함을 입증하려 하든, 아직 바른 길을 찾지 못한 사람이 처한 곤경에 마음 아파합니다. 하나님의 긍휼의 마음이 우리의 심장과 혈관에 흐르게 되면, 다음 세 가지의 새로운 변화가 생겨납니다.

새로운 눈으로 보라

부활연합감리교회 담임목사 아담 해밀턴(Adam Hamilton)은 과거에 성매매를 했던 한 여인과의 대화에 대해 나눈 적이 있습니다. 그 여인은 나이가 많았는데, 오랫동안 그런 일을 하면서 몸이 많이 상해 있었습니다. 겉모습

2　겔 36:26.

만으로도 그것을 알 수 있을 정도였습니다.

그 여인은 길거리에 나가 있으면 사람들이 자신을 일부러 피하면서 쳐다보지도 않는다는 것을 알았습니다. 자신이 마치 투명인간이 된 것 같았습니다. 그녀는 어느 날 거리에 나가 고객을 기다리고 있었는데, 그날은 특히 "사람들에게 제가 보이지 않는 것 같았습니다"라고 말했습니다. 그런데 갑자기 부활연합감리교회에서 나온 한 젊은 여성이 그녀에게 다가와 밝은 목소리로 "안녕하세요"라며 인사를 건넸습니다.

그녀는 그것이 믿기지가 않아, "그녀가 날 봤어!"라며 놀라워했다고 합니다.

그렇게 관계가 시작되었습니다. 시간이 지나면서 몸을 팔았던 이 여인은 자신의 삶을 그리스도께 드리기로 결심했습니다. 이제 그녀는 다른 여성들도 그런 삶에서 벗어날 수 있도록 돕는 사역을 하고 있습니다. 이런 변화가 일어날 수 있었던 것은 누군가가 그녀를 보았기 때문입니다.[3]

지금 당신의 삶에는 당신이 보지 않고 지나쳐 버리는 누군가가 있지는 않은가요? 우리의 눈이 바르게 초점을 맞추는 데는 종종 어느 정도의 시간이 걸립니다. 어느 날 저녁 나는 하나님을 멀리하던 내 친구 마이크 그리고 교회의 한 새신자 부부와 저녁식사를 함께하기 위해 나갔습니다. 식당에 도착하기 전, 나는 마이크에게 그리스도를 전하기 위해 어떤 노력을 기울였는지 그 부부에게 말해 주었습니다. 마이크는 기독교와 관련된 것이면 매우

---

3   2013년 9월 27일, 캔자스주 리우드(Leawood)에 위치한 부활연합감리교회에서 열린 '리더십 연구소'(The Leadership Institute) 모임 중 아담 해밀턴(Adam Hamilton)이 나눈 간증이다.

불편해했기에, 나는 그가 '정상적인' 사람으로 느끼는 그리스도인을 만나면 도움이 되지 않을까 생각했습니다.

그날 저녁 우리는 매우 즐겁게 시간을 보냈습니다. 이런저런 대화도 나누고, 눈물 날 정도로 웃기도 하고, 각자의 삶에 대한 이야기도 나누었습니다. 모든 것이 끝나고 마이크를 집까지 태워다 준 후, 나머지 세 사람은 차를 타고 집으로 돌아가는 중이었습니다. 우리는 그날 있었던 일을 다시 이야기 하면서, 마이크가 얼마나 재밌고 괜찮은 사람인지, 그리고 그가 자신의 일에 얼마나 많은 열정을 지니고 있는지에 대해 칭찬했습니다.

그런데 새신자 부부 중 아내가 뒷좌석으로 몸을 돌리더니 지금까지와 전혀 다른 어조로 이렇게 물었습니다. "그런데 로저, 이제 마이크는 어떻게 되는 거죠?" 나는 즉시 그녀가 무슨 뜻으로 질문했는지를 알아챘습니다. 그의 영원한 미래가 어떻게 될 것인지를 물은 것입니다. 그녀는 난생처음 그런 생각을 했고, 하나님의 눈으로 다른 사람을 보았던 것입니다. 이제 그녀에게 마이크는 그저 함께 유쾌하게 대화 나눌 수 있는 괜찮은 사람 정도가 아니었습니다. 그에게는 영혼이 있고, 그는 하나님께 소중한 존재였습니다. 그럼에도 그는 자기 스스로가 인정하듯 그리스도와의 관계에 대해서는 아무것도 몰랐던 것입니다.

나는 이렇게 말했습니다. "나도 마이크가 어떻게 될지 모르겠습니다. 아직 기회는 있습니다. 그렇지만 하나님께서 누군가를 사용해 그의 마음을 열게 하시지 않으면, 그가 어떻게 될지 생각하는 것은 끔찍합니다. 정말 그렇습니다."

사도행전에서 바울은 회심을 경험할 때 그의 눈에서 비늘 같은 것이 떨어져 나갔고, 그 후에야 난생처음 하나님의 눈으로 세상을 볼 수 있었습니다. 우리 눈에서도 그 비늘이 떨어져 나가야 합니다. 그럴 때 우리는 하나님께서 보시는 것처럼 우리의 삶을 바라볼 수 있게 됩니다.

새로운 상상력으로 사고하라

작년 한 해 동안 나는 몇 명의 남성과 소그룹 모임을 가졌습니다. 우리는 매주 1시간씩 모여 기도하고, 성경에 대해 이야기하고, 믿음이 자라는 데 도움이 되는 몇 가지 질문을 서로에게 던졌습니다. 그중 하나는 "당신의 삶을 통해 잃어버린 영혼들이 예수 그리스도께로 나아올 수 있도록 그들의 이름을 불러 가며 매일 기도하십니까?"라는 질문이었습니다.

내가 내 주변에 있는 사람들을 위해 계속 기도하자, 하나님께서는 나에게 이렇게 속삭이기 시작하셨습니다. "너는 너의 믿음을 나누기 위해 어떤 일을 실천에 옮기고 있니?" 그 질문은 나의 마음을 불편하게 만들었습니다. 내가 할 수 있는 답변은 "아무것도 하고 있는 것이 없습니다"라는 것이었기 때문입니다. 아이들이 공놀이하는 것을 지켜 보면서 그들과 함께 이야기도 나누고, 가끔씩 외식도 같이 하지만, 신앙과 영적인 일을 화제로 삼은 적은 거의 없었습니다. 오랫동안 나는 내가 참여하기를 매우 즐겼던 그런 소그룹 모임에 그들을 초대해 볼까 하는 고민도 했었습니다. 하지만 마음속으로는 그런다고 도움이 될까 하는 생각을 가지고 있었습니다. 그 모임은 그리스도의 제자로서 더 깊이 성장하기를 바라는 신자들을 위해 만든 모임이었기 때문입니다. 그곳은 내 친구들이 참여할 만한 곳이 아니었습니다. 한두 번이야 가능하겠지만 꾸준히 참여하기는 힘들 것이기 때문입니다. 그 모임은 그들의 영적 필요를 충족시키는 데는 적합하지 않았습니다. 그들은 많은 의심과 의구심을 가지고 있었고, 과거에 경험한 상처도 많았습니다. 그들에게는 그 모든 것을 허심탄회하게 이야기할 수 있는 안전한 곳이 필요했는데, 나는 어떻게 그것을 마련해야 하는지 알지 못했습니다.

어느 날 저녁 나는 멀리 있는 어머니 집에 가느라 혼자 장거리 운전을 하고 있었습니다. 그 시간에 나는 라디오나 CD를 켜는 대신 하나님께 귀를 기울이며 조용히 시간을 보내기로 결정했습니다. 처음 한 시간 동안 아무 일도 일어나지 않았지만 그래도 좋았습니다. 나는 하나님의 임재 안에 잠잠히 거해야 했습니다. 그런데 두 시간 가까이 되어 갈 무렵, 하나님께서는 오랫동안 나를 좌절하게 했던 그 문제의 해답이, 마치 미국 독립기념일에 한꺼번에 터지는 폭죽처럼 나의 생각 속에 번쩍 떠오르게 해주셨습니다. 그 방법은 매우 간단했습니다. '하나님, 신앙, 삶에 대해 의심과 의구심을 가진 사람들을 위한 그룹을 시작하라'는 것이었습니다.

내 친구들이 필요로 했던 것은 바로 입문 단계의 그룹이었습니다. (상황적 제약으로 인해 자주 가질 수도 없는) 개인적 대화를 여러 차례 반복하기보다 그룹으로 접근하는 방법이 여러모로 그들에게 더 유익할 것 같았습니다. 첫째, 목사와 일대일 면담을 하는 것보다 그룹에 참여하는 것이 훨씬 덜 부담스럽기 때문입니다. 둘째, 그룹은 정기적으로 모여 일반적으로는 이야기를 꺼내기 힘든 주제에 대해 허심탄회하게 말할 수 있는 안전한 자리를 제공하기 때문입니다. 셋째, 그룹 구성원들에게 질문과 의구심을 갖는 것은 지극히 정상적인 일로, 그런 생각을 가졌다 해서 잘못된 것이 아님을 보여 주기 때문입니다. 믿음의 바로 곁에 있는 것이 의심입니다. 우리 모두는 믿음을 갖기까지 그 과정을 거쳤습니다.

그날 밤 운전해 가는 동안 하나님께서는 더 많은 것을 내게 알려 주셨습니다. 이 그룹의 일원이 되기 위해서는 분명하면서도 어렵지 않은 자격 요건을 갖추어야 하는데, 예를 들어 우리가 모든 것을 다 이해하지는 못한다는 사실을 인정하는 것입니다. 또 우리는 서로에게 귀를 기울이고 다른 사람의 의견을 존중하는 등의 매우 기본적인 규칙을 지킬 필요가 있습니다. 그뿐 아니라, 우리는 서로 친해지기 위한 활동이나 대화를 시작하기 위한 자유로운 질의응답 등 그룹이 만나는 동안 무엇을 해야 할지에 대해서도 좋은 아이디어가 필요했습니다. 이 모든 것이 한꺼번에 내게 떠올랐습니다. 그래서 나는 아무도 없는 넓은 도로 한쪽에 잠시 차를 세운 뒤, 가까이 있는 종이 한 장을 집어 들고 최대한 빨리 그것을 적기 시작했습니다. 적는 내내 초대할 사람들의 이름이 머리에 떠올랐습니다. 어머니 집에 도착할 시간이 되자, 모든 계획이 종이에 자세히 적혀 있었습니다.

나는 하나님께서 그 장거리 운전을 하는 동안 그 모든 것을 알려 주실 것이라고는 전혀 생각하지 못했습니다. 하나님의 세미한 음성이 내 삶의 수많은 소음을 뚫고 나의 마음에 들려오기까지 내가 오랜 시간 조용히 기다릴 수 있었던 것은 순전히 하나님의 은혜였습니다. 하나님께서는 그렇게 일하십니다. 우리가 하나님 앞에서 잠잠하면, 하나님은 돌 같은 우리 마음을 그분이 지닌 긍휼의 마음으로 바꾸어 주십니다. 우리는 사람들을 영적인 빛에서 바라보는 새로운 시각을 갖게 될 뿐 아니라, 우리의 생각도 점화되어 창의성이 폭발하게 됩니다. 켄다 크리시 딘(Kenda Creasy Dean)은 이를 "선교적 상상력"[4]이라고 부릅니다. 성령께서는 영감을 통해, 하나님께서 너무나 소중히 여기시는 아직 믿지 않는 이들에게 그리스도의 사랑을 전할 획기적인 방법을 알려 주십니다. 한 친구는 이런 그룹을 통해 그리스도께 대한 신앙을 되찾았을 뿐 아니라, 현재 목회자가 되는 일을 놓고 하나님과 씨름하고 있습니다.

놀라운 담대함으로 행하라

담대한 믿음은 대부분 자연적으로 생겨나지 않습니다. 하루는 한 근엄한 목사가 걷지 못해 휠체어를 사용하는 한 여성도를 심방하기 위해 요양원을 찾았습니다. 그가 일어서서 떠나려 하자, 그 성도는 그에게 기도를 부탁했습니다. 목사는 조용히 성도의 손을 잡고 하나님께서 함께하셔서 성도에게 위로와 힘과 치유의 은혜 주시기를 기도했습니다. 목사님이 기도를 마치자 성도의 얼굴에는 화색이 돌기 시작했습니다. 그녀는 조용히 말했습니다. "목사님, 내가 일어설 수 있도록 도와주시겠어요?"

그는 달리 어찌해야 할지 몰라 성도가 일어서는 것을 도와주었습니다. 먼저 그녀는 조심스럽게 몇 발자국 걸어 보았습니다. 그러더니 펄쩍펄쩍

---

[4] Kenda Creasy Dean, *Almost Christian: What the Faith of Our Teenagers Is Telling the American Church* (Oxford: Oxford University Press, 2010), 37.

뛰기 시작했고, 너무나 기뻐 춤추면서 요양원 전체에 들릴 만큼 크게 소리치며 울었습니다. 그녀가 조용해지자 그 근엄한 목사는 재빨리 차로 달려가 운전대를 잡고는 짧게 기도했습니다. "주님, 다시는 저에게 그러지 마십시오!"[5]

예수님께서는 기도에 대해 엄청난 약속을 하셨습니다.

"구하라 그리하면 너희에게 주실 것이요 찾으라 그리하면 찾아낼 것이요 문을 두드리라 그리하면 너희에게 열릴 것이니."[6]

"너희가 내 안에 거하고 내 말이 너희 안에 거하면 무엇이든지 원하는 대로 구하라 그리하면 이루리라."[7]

우리가 예수님의 말씀을 믿는다면, 그 무엇도 우리가 기도하는 것을 막을 수 없게 될 것입니다. 어떤 문제가 생기거나 누군가의 영원한 운명이 염려될 때, 우리가 가장 먼저 해야 할 일은 기도입니다. 하지만 대부분의 그리스도인과 교회에 기도는 다른 모든 방법이 통하지 않을 때 최후에 시도해 보는 무엇인가가 되고 말았습니다. 하나님의 백성이 변화를 일으키는 가장 중요한 수단으로서 자연스럽게 기도로 나아가는 일을 방해하는 요인은 무엇일까요?

솔직히 우리는 우리의 일상이 예측 가능한 것을 좋아합니다. 그것이 더 안전하고 익숙하게 느껴지기 때문입니다. 그런 일상은 도덕적 변화라는 혼

---

5 King Duncan, ed., *King's Treasury of Dynamic Humor* (Knoxville, TN: Seven Worlds Corporation, 1990), 214.
6 마 7:7.
7 요 15:7.

란스러운 과정 없이 신앙적 품위를 유지할 수 있는 일종의 안전지대이기도 합니다. 그런데 기도는 그런 안전지대를 흔들어 놓습니다. 우리가 진실하게 기도한다면, 우리는 변화되지 않은 채로 머물러 있을 수 없기 때문입니다. 우리는 과거와 똑 같은 방식으로 사람들을 볼 수 없고, 과거와 똑같이 생각할 수 없게 됩니다. 리처드 포스터(Richard Foster)가 말했듯, "기도한다는 것은 변화된다는 것입니다. 기도는 하나님께서 우리를 변화시키기 위해 사용하시는 가장 중요한 방법입니다. 만약 변화를 꺼리는 마음이 우리에게 있다면, 그로 인해 우리는 성도의 삶의 가장 뚜렷한 특징인 기도를 포기하게 될 것입니다."[8]

우리는 기도가 현재의 삶을 뒤집어 놓을 것이라는 점을 어느 정도 알고 있습니다. 하나님은 우리의 예측대로 행하시거나, 우리가 길들일 수 있는 분이 아니기 때문입니다. 하나님의 이름을 부르는 것은 모든 상황을 뒤집어 놓을 수 있습니다. 그렇기 때문에 기도는 겁이 많은 사람이 할 수 있는 것이 아닙니다. 기도는 변화를 불러일으키고, 우리 영혼을 담대하게 하며, 우리가 한 번도 경험해 보지 못한 것을 시도하게 합니다.

어느 토요일 아침 남성들을 위한 수련회에서 우리는 복음에 대한 단순한 설명을 제시했습니다. 이어진 '자유 간증' 시간에 한 사람이 앞으로 나와, "나는 제노라고 합니다. 나는 오늘 예수 그리스도를 구주로 영접했습니다"라고 말했습니다. 그곳에 있던 모든 사람이 일어나 박수하고 환호했습니다.

---

8   Richard Foster, *Celebration of Discipline* (New York: Harper and Row, 1978), 30 [리처드 포스터, 『영적 훈련과 성장』, 권달천 역(서울: 생명의말씀사, 2009)].

너무나 신나는 광경이었습니다.

　제노는 자신의 이야기를 나누기 시작했습니다. 그는 캠브리지 고등학교 교사로 33년간 학생들을 가르친 후 지난 봄에 은퇴했으며, 일리노이주 북서쪽 약 2,200명의 주민이 사는 한 시골 마을에서 잘 알려진 분이었습니다. 그는 인생에서 겪었던 어려운 일들과 그리스도의 사랑이 자신에게 어떤 의미였는지를 매우 솔직하게 말했습니다. 그가 말을 마치자 그곳에 있던 모든 사람은 그를 위해 기도했고, 그렇게 용감하게 자신의 이야기를 나누어 준 것에 다시 한번 일어나 박수로 환호했습니다.

　그날 그곳에는 제노가 수십 년간 출석해 온 캠브리지연합감리교회의 담임목사 데이비드 조이스(David Joyce)도 있었습니다. 데이비드는 제노의 간증을 듣고는, 주일 아침 교회에서 다른 성도들에게도 간증해 주기를 부탁했습니다.

　제노는 망설였습니다. 그는 담임목사의 설교 시간을 빼앗고 싶지 않았기 때문입니다. 그러자 데이비드는 "제노 씨, 나는 내일 전혀 설교를 하지 않아도 괜찮습니다. 당신의 간증을 듣는 것이 더 중요합니다"라고 말했습니다. 제노는 망설이다 그의 제안을 받아들였습니다.

　주일 아침 제노는 30분간 자신의 간증을 나누었습니다. 그곳에 있었던 모두가 눈물을 흘리지 않은 사람이 없을 정도로 큰 감동을 받았습니다. 간증을 마친 제노는 모든 사람이 앞으로 나와 함께 손을 잡기를 요청했고, 기도를 이끌었습니다.

　캠브리지연합감리교회에서는 과거에 이런 일이 일어난 적이 없었습니다. 한 친구가 주일 오후에 전화해 그곳에서 무슨 일이 있었는지 말해주었을 때 나는 너무 감격해 거의 전화기를 놓칠 뻔했습니다. 그곳은 내 모교회였습니다! 그 교회에서 나는 그리스도를 영접했습니다. 그들은 나를 위해 기도해주고 나의 목회의 소명을 확인해 준 분들이었습니다. 그런데 그 교회가 큰 어려움에 빠져 있었습니다. 사실 겨우 2년 전만 해도 교회가 위기를 극복하지 못할 것처럼 보였습니다. 예배 출석 인원은 7년 만에 140명에서 60명까지 계속 줄어들었고, 멈출 기미가 보이지 않았습니다. 교회에는 청소년이 아무도 없었고, 어린이들을 위한 주일학교도 없었습니다. 유아실은 아무도 사용하지 않았습니다. 날마다 빛이 점점 사라져 가고 있었습니다.

아무런 희망이 없어 보일 때, 하나님께서는 기도할 사람을 세우셨습니다. 교회의 미래를 걱정하고 있던 진 다우닝이 '국가 기도의 날'에 무엇이라도 해야겠다는 결심을 하게 된 것이었습니다. 그녀는 5월 첫째 주 목요일에 오전 10시부터 교회에 나와 기도할 것이라고 밝혔습니다. 그리고 함께 기도하기 원하는 사람은 누구나 와도 좋다고 말했습니다.

알고 보니, 그 소식은 다른 곳까지 퍼졌고, 마을에 있는 4개의 교회에서 12명의 성도가 기도하기 위해 모였습니다. 진은 성경 몇 구절을 읽고는 회중석 맨 앞줄에 앉은 뒤 눈물을 흘리며 이렇게 말했습니다. "나는 우리 교회가 죽어 가는 것 같아 너무 걱정돼요." 그러자 다른 사람들도 덩달아 말하기 시작했습니다. 그들 역시 같은 두려움을 안고 있었던 것입니다. 그들이 다니던 교회 모두가 사정이 좋지 못했습니다. 곧 점심 시간이 되자, 그들은 다시 함께 모일 필요가 있다는 판단을 내렸고, 다음 주 목요일 10시에 다시 모이기로 약속했습니다.

그 후로 그들은 매주 목요일에 모임을 가졌습니다. 무슨 일이 일어났는지 알고 싶은가요? 진은 이렇게 말합니다. "우리는 종양이 줄어들고, 집을 팔고, 직장을 얻으며, 암이 완전히 치유되는 일을 경험했습니다. 우리는 심장 수술을 앞둔 한 남성에게 기름을 바르고 그를 위해 기도해 주었습니다. 그는 병원에서 수술 준비를 모두 마치고 마지막으로 심전도 검사를 받았습니다. 그런데 검사 결과를 본 의사가 모든 증상이 완전히 호전돼 수술 받을 필요가 없게 되었다고 말했습니다! 우리가 목사님과 교회를 위해 기도했더니, 주님은 정말로 우리에게 큰 은혜를 주셨습니다!"

진의 말은 상당히 절제된 것이었습니다. 교회는 출석 인원이 세 배가 넘게 늘었고, 어린이 주일학교가 다시 생겼습니다. 그들이 청소년부를 위해 기도한 지 채 1년도 되기 전에 20명의 학생이 교회에 다니게 되었습니다.

어떻게 이런 일이 일어날 수 있었을까요? 진은 특별한 자격을 지니지도 않았고, 신학대학원을 다닌 적도 없었습니다. 그녀는 단지 몇 명의 다른 사람과 함께 기도했을 뿐이었습니다. 그것이 그녀가 세운 단 하나의 계획이었습니다. 메소디스트 부흥운동의 창시자 존 웨슬리는 어떻게 이런 일이 일어날 수 있는지를 잘 알았습니다. 그는 이렇게 말했습니다. "하나님께서는 기도에 대한 응답이 아니고서는 일하지 않으십니다. (비록 매우 드문 경우지만) 자기 스스로 별로 기도를 드리지 않고 하나님께로 돌이킨 사람이라면, 다른 사람들이 그를 위해 많이 기도했을 것입니다. 한 영혼이 얻는 모든 새로운 승리는 새로운 기도의 결과입니다."[9]

웨슬리는 누군가는 '기도로 값을 지불'해야 함을 잘 알았습니다. 캠브리지연합감리교회가 영적 부흥을 경험하게 된 것은, 진과 기도 그룹의 지속적인 기도가 있었기 때문입니다. 과거 30년 넘게 그 교회와 성도들이 어떤 영적 상태에 처해 있었는지를 생각하면, "캠브리지교회에서 부흥을 경험할 수 있었다면, 다른 어떤 교회에서도 그럴 수 있다"고 말해도 과장이 아닙니다.

신약성경에서 예수님의 형제 야고보는 이렇게 말합니다. "너희가 얻지 못함은 구하지 아니하기 때문이요."[10]

당신의 교회가 다시 힘을 얻어 예수 그리스도의 복음을 교회에 다니지 않는 사람들에게 전하게 되기를 바란다면, 당신은 성도들이 개인적으로 하나님을 구하는 방법을 찾도록 도와주어야 합니다. 이제부터 하나님의 능력이 당신의 교회 공동체와 그 너머에까지 나타나게 하는 네 가지 실천 방안을 알아보겠습니다.

기도를 주제로 설교하라

조사에 의하면, 미국인의 약 70퍼센트는 매주 기도한다고 합니다. 하지만 그들 대부분에게 기도는 사람들의 소리에 반응하는 하늘의 슬롯머신일 뿐

---

9   John Wesley, *Farther Thoughts upon Christian Perfection*, in *Doctrinal and Controversial Treatises II*, ed. Paul Wesley Chilcote and Kenneth J. Collins, vol. 13 of *The Bicentennial Edition of the Works of John Wesley* (Nashville: Abingdon, 2013), 127.
10 약 4:2.

입니다. 즉, 기도할 때 알맞은 말만 잘 나열하면, 화면에 같은 문양이 나타나고 종소리가 울리며 기도 응답이 자신의 삶에 미끄러져 들어오는 것입니다. 기도는 하나님과 대화를 시작하려는 것이 아니라, 소위 잭팟을 터뜨려 당첨금을 받으려는 것에 더 가깝습니다.

사람들이 자신의 영혼을 사랑하시는 분과 맺어야 할 진정한 관계가 어떤 것인지 바르게 이해하도록 도우려면, 목회자는 반드시 기도에 대해 정기적으로 반복해서 설교해야 합니다. 대부분의 사람은 그 방법만 안다면 하나님과 더 친밀한 관계가 되기를 바랄 것입니다. 기도에 대한 네 편의 시리즈 설교로 시작하는 것도 좋은 방법입니다. 나도 "하나님과 대화하기"라는 쉬운 제목으로 시리즈 설교를 한 적이 있습니다. 나는 4주에 걸쳐, '기도하면 달라지는 것이 있는가?' '어떻게 기도를 시작해야 하는가?' '하나님은 우리에게 응답하시는가?' '응답 받지 못한 기도는 어떻게 이해해야 하는가?' 등 대부분의 사람이 가지고 있는 가장 기본적인 질문을 다루었습니다.

기도에 대한 설교 시리즈에는 늘 성도들의 반응이 좋았습니다. 기도에 대한 설교는 우리 모두가 내면에 지니고 있는 깊은 갈망을 다루기 때문입니다. 나는 그 후로도 "지금 있는 그 자리에서 기도하라" "가장 솔직하게 기도하라" "모범적인 기도" "은밀하게 기도하라" 등의 후속 설교를 이어갔습니다. 매년 적어도 한 번 이상 기도에 대해 시리즈로 설교하는 일은 우리 교회의 중요한 관례가 되었습니다. 기도를 가르치는 것은 어떤 면에서 청지기 직분을 훈련하는 것과 같습니다. 기도는 정기적으로 가르쳐야 합니다. 만약 목회자가 계속해서 기도가 우선순위가 되어야 함을 강조하지 않으면, 기도는 곧 성도들에게 중요하지 않은 것이 되고 맙니다. 그렇게 되면, 기도는 교회 공동체와 교회 밖 이웃들에게 변화를 일으키는 동력을 상실합니다. 결국 우리는 기도하는 대신 우리 자신의 능력에 기대어 사역하게 되고, 영원한 가치를 지닌 어떤 일도 할 수 없게 됩니다.

설교는 교회가 지향해야 할 바를 제시합니다. 그러나 그것을 이루는 데는 반드시 가르침이 병행되어야 합니다.

기도의 방법을 가르치라

솔직히 말해, 나는 오랫동안 기도는 타고난 사람이 하는 것이라고 생각했습니다. 인생의 어느 순간 하나님이 갑작스레 기도의 능력을 주시는데, 어떤 사람은 그것을 받고, 어떤 사람은 그렇지 못한 것입니다. 그리고 나 자신은 불행하게도 그것을 못 받았다고 생각했습니다.

그것이 틀린 생각임을 알았을 때 얼마나 놀랐는지 모릅니다. 한 친구가 나에게 리처드 포스터의 『영적 훈련과 성장』(Celebration of Discipline, 생명의 말씀사)이라는 책을 추천해 주었습니다. 기도에 대한 부분을 읽으면서 나는 큰 깨달음을 얻었습니다. 처음으로 기도가 마법 주문이 아니라는 것을 알게 된 것입니다. 기도에는 형식과 순서가 있는 것도 알게 되었습니다. 기도는 옳은 말만 나열한다고 되는 것도 아니고, 하나님의 변덕에 따라 응답이 결정되는 것도 아니었습니다. 그보다 훨씬 더 확실한 것이었습니다. 그 책에는 내가 기도에 대해 배워야 할 원리와 꼭 지켜야 할 실천사항이 제시되어 있었습니다. 그 후 나와 하나님의 관계는 완전히 달라졌습니다.

우리가 속회, 구역, 목장 같은 소그룹 모임에서 충분한 시간을 들여 기도에 대해 가르쳐 주기만 한다면 그들도 그런 깨달음과 변화를 경험하게 될 것입니다. 그들 역시 내가 발견한 진리, 곧 기도는 배우기만 하면 누구나 할 수 있다는 사실을 알게 될 것입니다. 기도는 누구나 익힐 수 있는 신앙의 기술입니다. 기도하는 데는 어떤 선행 지식이나 특별한 재능이 필요하지 않습니다. 기도하기 위해서는, 하나님을 알고자 하는 동기와 매일의 삶이라는 기도의 실험실에서 기꺼이 실험에 참여하겠다는 마음만 있으면 됩니다. 이것은 굉장히 좋은 소식입니다. 대부분의 사람은 기도가 어떻게 작용하는지 모르고, (단순한 기도, 묵상 기도, 중보 기도, 성찰의 기도, 회개 기도 등) 기본적인 기도 종류도 배운 적이 없으며, 생명력 있는 기도 생활을 위해 무엇을 반드시 실천해야 하는지 잘 모르기 때문입니다.

우리는 최근 수년간 이 문제를 해결하기 위해 '기도를 가르쳐 주옵소서'('Teach Us to Pray', 누가복음 11:1의 영어성경 표현을 그대로 인용함-역주)라는 제목의 기도 교실을 매년 1월에 시작해 4주에서 6주 정도 진행해 왔습니다. 기도 교실은 목회자와 평신도가 공동으로 진행하고, 우리는 매시간 자료를 제공합니다. 놀랍게도 기도 교실은 해가 지날수록 더 많은 사람이 참여하고 있습니다. 우리가 처음 기도 교실을 열었을 때 참가자들에게 이유를 물어보았습니다. 뒤쪽에 앉아 있던 한 여성도가 이렇게 말했습니다. "저는 이 교회를 40년 넘게 다녔는데, 아무도 저에게 기도하는 방법을 가르쳐 주지 않았어요." 우리가 바라는 것은 그 성도를 포함해 많은 사람이 하나님과 깊이 있고 생기 넘치는 친밀한 교제를 지속적으로 누리는 것입니다.

또 우리는 사순절에 모든 교인이 함께 기도에 대해 공부하는 시간을 갖는데, 이것이 성도들이 하나님과의 관계를 형성하는 일에 큰 도움을 준다는 것을 알게 되었습니다. 우리는 매일의 기도 연습에 매우 유익한 빌 하이벨스(Bill Hybels)의 『주의 음성을 내가 들으니』(*The Power of a Whisper*, 국제제자훈련원), 마사 그레이스 리스(Martha Grace Reese)의 『네 마음을 쏟아 놓으라』(*Unbinding Your Heart*)와 같은 책과 DVD 시리즈를 활용합니다. 또 이 기간에는 매주 설교와 예배를 주일학교와 소그룹 모임에서 다룰 주제에 방향을 맞춥니다. 이런 특별한 기간은 기도에 대한 기본적인 지식과 하나님에 대한 경험을 나누는 데 필요한 공통의 어휘를 형성하는 데 도움을 줍니다.

기도가 삶의 최우선 순위가 되고 기도의 방법을 알게 되면 우리는 하나님 나라를 위해 그 힘을 사용할 수 있게 됩니다.

기도에 사람을 동원하라

어느 날 한 목사와 버스 운전사가 천국에 갔습니다. 버스 운전사는 널찍한 방이 여러 개 있는 크고 아름다운 대저택을 받았습니다. 그러나 목사에게는 단칸방의 작은 집이 주어졌습니다. 목사는 베드로에게 찾아가 물었습니다. "아니, 저 버스 운전사는 아름다운 대저택을 받았는데, 일평생 복음을 전한 나는 왜 이렇게 보잘것없는 집인가요?"

베드로는 이렇게 대답했습니다. "자네가 설교할 때는 사람들이 모두 잠들었어. 하지만 저 버스 운전사가 운전할 때는 사람들이 모두 기도했다네."

무섭게 차를 모는 것도 사람들을 기도에 동원하는 방법입니다. 그러나 그 외에 세 가지 다른 방법이 있습니다.

기도리더십팀을 만들라

교회는 원래 세상에 존재하는 모든 사역팀을 만드는 것으로 유명합니다. 우리 교회에도 교육부, 인사부, 관리부, 재정부, 전도부, 선교부, 남여전도회, 성가대, 예배팀, 안내팀, 학원전도팀 등이 있습니다. 교회들은 대개 기도만 제외하면 대부분의 다른 사역을 위한 조직은 상당히 체계적으로 잘 갖추어져 있습니다.

그렇다면 성도들 중 가장 열심히 기도하는 사람들을 찾아 기도리더십팀 만들기를 제안하는 것은 어떨까요? 그들의 임무는 교회 공동체가 기도를 더 소중하게 여기도록 하는 것, 기도의 목표를 세우는 것, 그리고 사람들을 기도에 동원하는 일이 될 것입니다. 최근 우리 교회의 기도리더십팀은 사순절 기간 동안 1천 시간 기도하는 것을 목표로 세웠습니다. 그리고 100명의 성도가 하루에 10분씩 40일을 기도해 총 1천 시간의 기도 시간을 채우기로 결정했습니다. 그들은 그 비전을 알리고, 성도들의 참가신청서를 받았으며, 참여하는 성도에게는 매주 기도해야 할 구체적인 기도 제목을 나누어 주었습니다. 결국 103명이 이 일에 참여해 우리는 1천 시간 목표를 뛰어넘었습니다. 어떤 사람은 이런 실천이 무슨 실제적인 결과를 낳을 수 있는지 궁금해했을 것입니다. 우리에게 그 유익은 엄청났습니다. 목표를 넘긴 지 10일째 되는 날, 7년이 넘도록 팔리지 않던 교회의 옛 건물이 갑자기 팔렸습니다.

"계산을 해보면 결국 하게 된다"(What gets measured, gets done)라는 옛 격언이 있습니다. 그 반대도 사실입니다. "계산도 해보지 않은 일은 결국 하지 않게 된다." 만약 하나님의 능력이 나타나는 것을 보기 원한다면, 기도에 사람을 동원하는 일을 임무로 맡는 팀부터 만드십시오.

기도 일정표를 만들라

당신의 교회에서는 사람들이 매주 언제 모여 기도합니까? 교회의 각 부서가 모임 전후에 의례적으로 하는 기도를 말하는 것이 아닙니다. "주님, 오늘 밤 회의를 빨리 마치게 도와주셔서 집에 가서 축구 경기를 볼 수 있게 해주세요." 이런 식의 기도가 아닙니다. 혹시 교회의 매주 일정표에 사람들이 다른 어떤 목적도 없이 오직 기도만을 위해 모이는 시간이 있나요? 만약 그런 기도 모임이 없다면, 교회는 그저 선한 의도를 가지고 봉사하는 좋은 단체로 전락하기 쉽습니다. 예수님은 "나를 떠나서는 너희가 아무것도 할 수 없음이라"[11]라고 말씀하셨습니다. 나는 오랫동안 이 구절이 이해가 되지 않았습니다. 순전히 사람의 노력만으로도 많은 것을 할 수 있음을 알았기 때문입니다. 심지어 어떤 동역자들은 내가 참여만 하면 마치 강풍이 불듯 여러 가지 일이 잘 처리된다며 나에게 '토네이도'라는 별명까지 붙여 주었습니다. 나는 많은 시간이 지나서야 예수님께서 하신 말씀의 참된 의미는 "나를

---

11   요 15:5.

떠나서는 너희가 영원한 가치를 지닌 어떤 일도 할 수 없다"라는 것임을 알게 되었습니다. 우리의 노력만으로도 많은 일을 할 수 있습니다. 그러나 그 어떤 것도 영원히 남지 않습니다.

우리는 무엇인가를 가치 있게 여기면 그것에 시간을 할애합니다. 우리가 매주 예배, 찬양 리허설, 임원 회의, 성경공부, 청소년부 등으로 모일 수 있는 것은, 그 모든 것에 대해 미리 일정을 계획해 놓았기 때문입니다. 당신의 교회에서 새로 시작하는 기도리더십팀과 상의해, 함께 기도하기에 가장 좋은 시간과 장소를 정하십시오. 우리가 매주 기도함으로 하나님을 영화롭게 할 때, 우리는 우리의 노력으로는 할 수 없는 일들을 하나님께 맡겨드리는 것입니다. 그런 것들이 영원히 남는 것입니다.

모든 교인을 기도팀으로 조직하라

우리는 지금 스마트폰 시대에 살고 있습니다. 오래전 노트북 판매량은 이미 데스크탑 컴퓨터를 추월했습니다. 수년 전부터는 태블릿이 노트북보다 더 많이 팔리기 시작했고, 스마트폰을 대형화해 태블릿과 하나로 합친 패블릿도 생겨났습니다. 사람들은 언제 어디서나 서로 연락할 수 있는 자유로움을 원합니다.

물론 하나님께서도 언제나 그렇게 되기를 바라십니다. 기도는 하루 24시간, 일주일 내내 언제든 할 수 있는 활동입니다. 하지만 기도에서 최고의 것을 얻고자 한다면, 집중하는 것이 관건입니다. 빛이 분산되면 방 안 여기저기로 흩어집니다. 하지만 하나의 초점에 집중되면 그것은 강철도 뚫을 수 있는 레이저가 됩니다.

　내가 발견한, 많은 사람을 함께 움직이게 하면서도 레이저와 같이 하나의 초점에 집중하도록 돕는 최선의 방법은 교회 전반을 기도팀으로 조직하는 것입니다. 이 기도팀은 별도의 모임 시간을 갖지는 않습니다. 대신 팀원은 하루에 몇 번씩 교회와 사역자들, 사역을 떠올리며 기도할 것이라는 단순한 약속을 하게 됩니다.

　나의 역할은 매월 초가 되면 기도에 대한 간략한 가르침을 제공하고, 지난 달 하나님께서 우리의 기도에 어떻게 응답하셨는지를 요약해 알려 주며, 이번 달 핵심 기도 제목을 갱신해 기도팀 전원에게 전달하는 것입니다. 스프링필드 제일감리교회에서 이 기도팀을 처음 시작할 때 내 바람은 매일 200명의 성도가 기도에 참여하는 것이었습니다. 그런데 지금은 그보다 두 배 이상 많은 성도가 매일 자신이 정한 시간과 장소에서 기도하고 있습니다. 그들 모두가 함께 초점을 맞추어 드리는 기도는 장벽들을 뚫으며 영적 돌파구를 만들어 내고 있습니다.

　기도리더십팀, 기도 일정표, 시간과 장소에 매이지 않고 초점을 맞추어 기도하는 방법으로 사람들을 움직일 수 있게 되었다면, 이제 마지막 한 가지 남은 일이 있습니다.

기도하라!

웨슬리의 말을 다시 풀어 쓰면, "누군가가 기도하기 전에는 아무것도 일어나지 않는다"라는 말이 됩니다. 하나님을 찾고자 하는 우리의 개인적인 갈망은 우리 주위의 다른 사람들에게까지 동일한 갈망을 확산시킵니다. 하지만 시간과 장소를 따로 떼어 놓고 매일 규칙적으로 하나님을 만나는 것은 결코 쉬운 일이 아닙니다. 그것은 반복적으로 싸워야 하는 영적 전쟁입니다. 당신이 교회 지도자든, 의료인이든, 상인이든, 법률가든, 교사든, 학생이든, 정비사든, 전업주부든, 당신의 삶은 해결해야 할 일로 가득할 것입니다. 언제나 만나야 할 사람이 있고, 받아야 할 전화가 있으며, 보내야 할 이메일이 10개는 넘게 쌓여 있고, 풀리지 않는 곤란한 문제가 있을 것입니다. 일은 끝이 없습니다. 때로는 너무나도 소모적인 일인데도 도무지 벗어날 길을 찾지 못한 채 그 속에서 허우적거리곤 합니다.

얼마 전 나는 내 삶에서 다소 충격적인 경향을 하나 발견했습니다. 유독 바쁘게 지낸 최근 2개월 여 동안, 지난 5년간을 합친 것보다 더 많이 일지를 기록하지 않고 빠뜨린 것입니다. 무엇인가가 잘못되어 있었습니다. 나는 정도를 벗어나고 있었습니다. 내가 영적인 멘토에게 전화를 걸어 이 문제에 대해 말하자, 그는 즉시 문제의 핵심을 지적해 주었습니다. "자네의 사역이 너무 바쁘다 보니 그 사역의 원천이 되시는 하나님께 집중하지 못하게 만든 것이네."

그의 말이 옳았습니다. 그가 이어서 한 말은 내 마음 깊이 사무쳤습니다. "우리 목사들은 삶의 너무 많은 영역을 사역으로 가득 채워 버리네. 사역이 아닌 하나님이 우선인데 말이지. 많은 사역을 꽉 붙들고 있는 그 손을 조금 가볍게 하게. 그것은 부차적인 것이네. 참된 사역은 자네와 하나님과의 일차적인 관계에서 흘러나오는 것일세."

아이러니하게도 우리 영혼의 원수는 우리의 사역을 미끼로 삼아 우리로 너무나 많은 선한 일에 집착하게 해, 우리가 추구해야 할 참된 선인 하나님과의 바른 관계에서 멀어지게 할 수 있습니다. 서두르지 않고 생명의 주님이신 그분과 충분한 교제의 시간을 갖는 것만이 그 문제를 바로잡을 수 있는 유일한 해결책입니다.

최근 홀로 하나님과 교제하는 시간을 포기하도록 당신을 부추기는 것은 무엇입니까? 우리가 살고 있는 세상은 우리의 정신을 분산시켜 바른 길에서 벗어나게 만드는 아무런 가치 없는 소일거리로 가득합니다. 우리 모두는 한번쯤 그런 길로 빠져 본 적이 있을 것입니다. 하지만 때로는 매우 그럴싸한 선한 대의를 위해 열심을 다할 때도 있습니다. 문제는 그것이 우리가 최우선시해야 할 최고의 선이 아니라는 데 있습니다.

하나님과의 관계를 최우선적으로 지켜나갈 때, 우리는 우리가 잘못 추구해 온 다른 모든 것이 결코 줄 수 없는 참된 선물을 받게 됩니다. 하나님의 임재 안에서 우리는 이 세상이 줄 수 없는 순수하고 깊고 포괄적인 사랑을 경험합니다. 그 사랑은 우리를 있는 모습 그대로 받아들이고, 우리가 더 성장할 수 있도록 격려해 줍니다. 우리는 우리 각 개인에게 계시하시는 하나님의 인격과 특성과 뜻을 알게 됩니다. 무엇보다 우리는 하나님의 세미한 음성을 듣게 됩니다. 하나님께서는 그 조용한 교제의 시간을 통해 우리의 갈 길을 지시하시고, 우리가 하나님의 인도하심을 따를 수 있도록 새로운 용기를 불어 넣어 주십니다. 하나님의 이러한 은혜가 없었다면 우리는 결코 이 여정을 시작할 수도 없었을 것입니다.

능력의 근원이 되시는 분 가까이 머무는 것은 우리 자신을 변화시킵니다. 또 우리의 관계를 변화시킵니다. 이 새로운 삶은 우리가 과거에는 상상도 하지 못했던 장소와 일로 우리를 몰아갑니다.

기도

주님, 주님께서는 제가 어떤 새로운 은혜의 역사를 필요로 하는지 아십니다. 저에게 새 마음을 주세요. 제가 주님과 홀로 있는 시간을 떼어 놓아, 주님의 음성을 듣고 제 삶을 향한 인도하심을 따를 수 있도록 도와주세요.

주의 말씀을 내 마음에 두었나이다

"또 새 영을 너희 속에 두고 새 마음을 너희에게 주되 너희 육신에서 굳은 마음을 제거하고 부드러운 마음을 줄 것이며" (겔 36:26).

2장 사람들을 찾아가라

> "아무도 다가가지 않은 사람에게 다가가려면
> 아무도 하지 않은 일을 해야 한다."
>
> – 크레이그 그로쉘(Craig Groeschel)

우리는 한겨울에 비공식적인 연휴를 갖습니다. 미국인은 매년 2월 초가 되면 하던 모든 일을 제쳐 두고 TV 앞에 모여 4시간 동안 성인 남성들이 서로 치고 받고 달려드는 모습을 지켜봅니다. 바로 연중 가장 많은 티켓이 팔리는 슈퍼볼(미국 미식축구 리그 NFL의 결승전-역주)입니다. 혹 아직 티켓을 구입하지 않은 사람이 있다면 이제부터라도 돈을 모아야 할 것입니다. 최근(2015년) 조사에 의하면, 슈퍼볼 티켓의 평균가는 무려 4,131달러(한화로 약 500만원-역주)였습니다.[1] 티켓 한 장에 말입니다. 가족이 함께 가려면 티켓 4장은 기본으로 필요하겠지요.

그러나 그 금액이 너무 부담스럽다면, 훨씬 값싸게 좋은 관람석을 손에 넣을 수 있는 방법이 있습니다. 최근에 그 한 경기를 위해서만 900만 대

---

[1] Darren Rovell, "Super Bowl 2015: Tickets Priciest in History," ESPN, February 1, 2015, http://abcnews.go.com/Sports/sb-xlix-tickets-priciest-history/story?id=28646737.

이상의 텔레비전이 판매되었습니다.[2] 또 미국인들은 큰 텔레비전 앞에 앉아 총 12억 5천만 개의 닭날개를 먹었습니다. 그것을 한 줄로 늘어놓으면, 지구 둘레를 두 번이나 돌고도 남는 길이입니다. 가벼운 식사용으로는 경기 시작 직전에 총 2,100만 킬로그램에 달하는 감자칩이 팔렸습니다. 또 칩을 찍어 먹기 위한 소스 재료로 3,200만 킬로그램에 달하는 아보카도가 판매되었습니다. 이는 그 경기가 열린 인디애나폴리스의 루카스 오일 경기장을 가득 채우고도 남을 정도의 과카몰리(아보카도를 으깬 것에 양파, 토마토, 고추 등을 섞어 만든 소스-역주)를 만들 수 있는 양입니다.[3] 경기가 끝난 바로 다음날 월요일에는 위장약 가격이 20퍼센트나 오른다는 것은 놀랍지도 않습니다.[4]

하지만 그럴 만한 가치가 있습니다. 우리는 매년 빠짐없이 그해의 가장 큰 미국 스포츠 경기를 관람합니다. 최근 슈퍼볼은 미국 역사상 최고 기록인 1억 1,400만 명이 시청했습니다. 2주 전에 있었던 대통령 국정연설을 3,200만 명이 시청한 것과는 비교조차 할 수 없는 숫자입니다.[5]

---

2   Treacy Reynolds, "184 Million Americans to Watch 2015 Super Bowl, according to NRF Survey," National Retail Federation, January 22, 2015, https://nrf.com/media/press-releases/184-million-americans-watch-2015-super-bowl-according-nrf-survey; Prosper Insights and Analytics, *Monthly Consumer Survey* (January 2015), https://nrf.com/sites/default/files/Super%20Bowl%202015%20press_0.pdf
3   "Super Snacking on Super Bowl," Fox News, January 31, 2015, http://www.foxnews.com/leisure/2012/01/31/super-snacking-on-super-bowl/.
4   "Super Bowl Statistics," Statistic Brain Research Institute, January 29, 2015, http://www.statisticbrain.com/super-bowl-statistics/.
5   "TV Viewership of the Super Bowl in the United States from 1990 to 2015 (in Millions)," Statista, 2015년 6월 23일 접속, http://www.statista.com/statistics/216526/super-bowl-us-tv-viewership/; "Number of Views of the State of the Union Address from 1993 to 2015 (in Millions)," Statista, 2015년 6월 23일에 접속함, http://www.statista.com/statistics/252425/state-of-the-union-address-viewer-numbers/.

아마도 전미 미식축구 연맹(NFL)은 이보다 더 행복할 수 없을 것입니다. NFL은 과거 어느 때보다도 더 많은 돈을 벌고 있습니다. 미국에서 가장 성공한 프로 스포츠인 메이저 리그 야구(MLB)를 훨씬 앞섭니다. 물론 이는 광고료가 더 높이 올라간다는 것입니다. 1967년, 처음 텔레비전에서 방영한 슈퍼볼 광고는 30초에 4만 2천 달러를 받았습니다. 2015년에는 30초당 450만 달러를 받았는데, 이는 바로 전 해인 2014년에 비해 50만 달러가 오른 것입니다.[6]

당신은 "그 많은 돈으로 뭘 하려는 걸까?"라며 궁금해할지도 모릅니다. 그들은 외부로 점점 범위를 확장하고 있습니다. 슈퍼볼은 약 200개 나라에서 25개 언어로 중계됩니다.[7] 몇십 년 전부터 이미 슈퍼볼은 순수한 미국인들만의 스포츠가 아닌 것입니다. NFL은 이제 매년 가을 정기적으로 런던에서 세 번의 경기를 개최하고 있는데, 조만간 네 번으로 늘리려고 계획 중입니다. 또 최근에는 집에서 텔레비전으로 보는 시청자 수를 높이기 위해, 32개 팀이 적어도 한 번 이상 경기에 출전할 수 있도록 목요일 밤 경기를 다섯 개나 더 많이 편성했습니다. 또 그들은 스페인어로 중계하는 NFL 레드 존 채널도 출시했습니다.

---

6 Lindsay Kramer, "Super Bowl 2015: How Much Does a 30-Second Television Commercial Cost?" Syracuse.com, January 31, 2015, http://www.syracuse.com/superbowl/index.ssf/2015/01/super_bowl_2015_how_much_does_commercial_cost_tv_ad_30_second_spot.html.

7 Greg Price, "Super Bowl 2014 Ratings: How Many Countries Will Watch the American Football Game?" *International Business Times*, January 30, 2014, http://www.ibtimes.com/super-bowl-2014-ratings-how-many-countries-will-watch-american-football-game-1551791.

NFL이 전 세계로 뻗어 가려 노력하고 있다는 것은 틀림없습니다. 그들은 더 많은 미식축구 팬을 만들기 위해, 수십억 달러를 쏟아 부어 그들이 상상해낸 모든 아이디어를 실행하고 있습니다.

그러나 전 세계 모든 사람에게 다가가려고 노력한 것은 그들이 처음이 아닙니다. 오래전 하나님께서는 자신이 창조하신 세상이 죄로 망가지는 것을 보셨습니다. 세상은 이기적이 되었고 하나님을 멸시했습니다. 하나님은 인류를 다시 그분과의 사랑의 관계로 회복시키기 위해 한 민족을 자신의 백성으로 택해 모든 민족의 빛이 되게 하셨습니다. 그들은 온 세상을 구원하시기 위한 하나님의 도구였습니다. 하나님께서는 그들을 통해 그분의 능력을 나타내는 기적을 행하시고 그분의 임재를 나타내는 표적을 주셨음에도, 하나님의 택한 백성 중 많은 사람이 반역했습니다. 하나님은 그들을 돌이킬 선지자들, 그들을 돌볼 제사장들, 그들을 인도할 왕들을 보내셨습니다. 이러한 창조적인 방법은 한동안 효과가 있었지만, 결국 그들은 다시 하나님을 외면했습니다.

모든 사람을 잃어버린 것처럼 보였을 때, 하나님께서는 단 한 번도 시도한 적이 없는 대담하고도 위험한 계획을 실행해 세상 모든 사람을 찾아가고자 하셨습니다. 예수님은 그 계획을 다음과 같이 묘사하십니다. "하나님이 세상을 이처럼 사랑하사 독생자를 주셨으니 이는 그를 믿는 자마다 멸망하지 않고 영생을 얻게 하려 하심이라."[8]

하나님께서는 이렇게 생각하신 것이 틀림없습니다. '그들이 내가 보낸

---

8   요 3:16.

사람들의 말을 듣지 않는다면, 내가 직접 가야겠어. 나는 내 아들을 통해 인간의 몸을 입고, 그들이 마시는 공기를 마시고, 그들이 먹는 음식을 먹으며, 그들이 걷는 거리를 걸어, 그들 중 한 사람이 될 거야. 그러면 내가 그들을 얼마나 사랑하는지 그들도 알게 되겠지.'

이 모든 일을 행하신 것은 그다음 구절에 계시된 한 특별한 목적 때문입니다. "하나님이 그 아들을 세상에 보내신 것은 세상을 심판하려 하심이 아니요 그로 말미암아 세상이 구원을 받게 하려 하심이라."[9]

하나님께서는 한 가지 임무를 수행 중에 계십니다. 그것은 일부 사람들이 생각하는 것과 달리, 사람을 심판하시려는 것이 아니라, 그분의 아들의 희생적 사랑을 통해 온 세상을 구원하시기 위한 것입니다. 하나님께서 그 일을 행하시는 동기가 무엇일까요? 바로 사랑입니다. 삶에서 아파하고 외로워하며 방황하고 있는 자녀들을 향한 사랑 말입니다. 그 사랑이 하나님으로 하여금 말도 안 되는 새로운 방법들을 생각해 내게 한 원천입니다. 당신에게도 동일한 일을 해야 할 상황이 찾아올지도 모릅니다.

만약 누군가가 당신에게 다짜고짜 "이번 주 수요일까지 20만 불을 내놓으시오"라고 말한다면, 당신은 필시 "그럴 수 없소. 내게는 그럴 만한 여유가 없소. 그건 불가능하오"라고 답할 것입니다. 하지만 만약 의사가 "당신 딸은 이번 수요일까지 수술을 받지 않으면 죽을 것입니다. 그 수술은 보험이 적용되지 않습니다. 비용은 20만 불입니다. 아이의 생사가 당신에게 달려있습니다"라고 말했다면, 모든 것이 전혀 달라질 것입니다.

---

9 요 3:17.

당신은 갑자기 매우 창의적으로 변할 것입니다. 자신의 재정 상태를 살펴보고, 가족과 친구들에게 사정을 이야기하며, 은행도 찾아갈 것입니다. 필요하다면 있는 물건도 팔 것입니다. 이전엔 전혀 해보지도 않은 어떤 일을 해서라도 20만 불을 만들어 낼 것입니다. 이는 당신이 딸을 사랑하기에, 아이의 목숨을 살리는 것보다 더 중요한 일은 없기 때문입니다.

사랑은 강력한 동기가 됩니다. 그것은 우리가 보통 때는 생각조차 하지 못할 방법들을 떠올리게 합니다. 그것이 바로 하나님께서 그분의 아들을 보내 주신 일에서 볼 수 있는 창조적인 방법입니다. 그런 일은 과거에 없었고, 이루 말할 수 없는 값비싼 대가를 지불해야 했습니다. 그러나 하나님께서는 인간의 몸을 입고 이 세상에 오심으로써, 전에는 다가갈 수 없었던 사랑하는 백성들에게 몸소 다가가실 수 있었습니다.

존 웨슬리는 젊은 시절 이 같은 사랑에 사로잡혔습니다. 그가 살던 시대의 18세기 영국 국교회는 생명력을 잃었고 당시의 문화와 분리되어 있었습니다. 그러나 예수 그리스도의 사랑이 그 마음을 사로잡자, 그는 그 사랑을 혼자만 간직하고 있을 수 없었습니다. 그는 교회에 한 번도 가본 적 없는 수많은 사람에게 다가갈 방법이 분명히 있을 것이라고 생각했습니다.

이러한 생각이 웨슬리의 마음에 큰 갈등을 불러일으켰습니다. 영국 국교회 목사로서 그는 설교하기에 적합한 유일한 장소는 교회당의 스테인드글라스 내부라고 생각했지만, 그 당시에 영국 국교회 예배에 참석하는 사람은 매우 적었습니다. 영국 국교회 예배는 사람들의 삶의 현실과 유리되어 있었습니다. 설상가상으로 웨슬리는 1738년에 그리스도의 사랑으로 마음이 뜨거워지는 체험을 한 뒤로 '광신주의자'로 낙인 찍혔습니다. 소수의 동료 목회자를 제외한 대부분의 국교회 목회자는 그를 비난받아 마땅한 광신자로 여겨 영국 국교회 강단에서 설교하지 못하게 했습니다.

1739년 봄, 친구 조지 휫필드가 웨슬리에게 런던을 떠나 영국 남서부 해안선에 위치한 인구 5만 명의 번화한 항구 도시 브리스톨로 와달라고 요청했습니다. 그 역시 영국 국교회에서 배척당하면서 휫필드는 이미 야외 설교를 시작했고, 그 효과는 엄청났습니다. 4월 1일, 브리스톨에 도착한 웨슬리는 휫필드가 브리스톨 바로 옆 킹스우드의 한 언덕에서 3만 명의 광부와 그 가족들에게 설교하는 것을 보았습니다.[10] 그 일은 웨슬리에게 기쁨과 고뇌를 동시에 안겨 주었습니다. 그는 많은 비기독교인에게 다가가기를 간절히 바랐음에도 이 새로운 방식이 '올바르지' 않은 것처럼 느껴졌습니다. 자신의 일지에 기록했듯, 그는 오랜 시간 동안 "예절과 질서에 관한 것이면 무엇이든 매우 고집스럽게 고수해 왔기 때문에, 영국 국교회 교회당 건물 외에 다른 장소에서 영혼 구원 사역 하는 것을 마치 죄 짓는 일인 양, 해서는 안 될 일"[11]로 느꼈습니다. 그러나 그런 태도는 얼마 지나지 않아 곧 바뀌었습니다.

1739년 4월 2일, 35세의 웨슬리는 마침내 결단을 내렸습니다.

---

10   Richard P. Heitzenrater, *Wesley and the People Called Methodists*, 2nd. ed. (Nashville: Abingdon, 2013), 109.
11   John Wesley, March 29, 1739, *Journals and Diaries II (1738–43)*, ed. W. Reginald Ward and Richard P. Heitzenrater, vol. 19 of *The Bicentennial Edition of the Works of John Wesley* (Nashville: Abingdon, 1990), 46.

오후 4시에 나는 '좀 더 상식을 벗어나기로' 결심하고, 도시에 접해 있는 한 낮은 언덕에 서서 대로변을 향해 약 3천 명의 청중에게 구원의 기쁜 소식을 선포했다.[12]

그것이 바로 18세기 영국의 부흥운동이 시작된 결정적 순간이었습니다. 만약 웨슬리가 그 3천 명이 교회로 오기를 기다렸다면, 그는 강단에 서서 평생 기다리기만 하다 죽었을 것입니다. 그러나 웨슬리는 그들이 다가오기를 기다리는 대신 그들에게 다가갔습니다.

부흥운동의 초창기에 있었던 일들을 보면 마치 사도행전의 한 페이지를 읽는 것 같습니다. 웨슬리는 그리스도의 사랑에 이끌려 매일 새벽 5시에 성직복을 입고 킹스우드 탄광으로 나갔습니다. 그리고 석탄 수레 위에 서서 앞으로 12시간 동안 탄광에 내려가 일할 수천 명의 광부에게 설교했습니다. 그의 설교에 많은 사람이 성령의 감동을 받았습니다. 석탄 가루로 까맣게 된 광부들의 얼굴에는 눈물 자국이 새겨졌습니다. 사람들의 거칠었던 마음이 하나님의 말씀을 듣고 부드러워져 믿음을 갖게 되는 일은 셀 수도 없었습니다. 웨슬리는 브리스톨에 와서 야외설교를 시작한 이후로 한 달간 약 47,500명이 그의 설교를 들은 것으로 추정했습니다.[13]

사람들이 자신이 전한 메시지에 반응을 보이자, 웨슬리는 이후 그들을 함께 만날 수 있는 모임으로 초대했습니다. 과거 자신의 영적 상태가 어떠했는지에 대해 각성해 "장차 올 진노를 피하려는 소망"을 표현하는 모든 사

---

12 John Wesley, April 2, 1739, in Ward and Heitzenrater, *Journals and Diaries II*, 46.
13 Heitzenrater, *Wesley and the People Called Methodists*, 110.

람은 각각 12명으로 이루어진 '속회'에 편성되었습니다. 오늘날 우리는 그런 모임을 소그룹 모임으로 부릅니다. 각 속회에는 훈련을 받은 지도자 한 명과, 사람들의 영적 성장을 돕기 위해 마련한 구체적인 일정이 있었습니다. 이 소그룹 모임이 부흥운동을 촉진하는 데 어떤 중요한 역할을 했는지는 앞으로 5장에서 더 자세히 다루겠습니다. 웨슬리가 야외설교와 소그룹 제자훈련을 결합하자 메소디스트 부흥운동은 활활 불타올랐습니다.

당신은 기꺼이 '좀 더 상식을 벗어나겠다'는 의지를 가지고 있습니까? 당신이 아는 이들 중 교회 문을 밟아 보지도 못하고 죽을 것 같은 사람은 누구입니까? 어떻게 하면 예수 그리스도의 용서하시는 사랑과 인도하심이 그들에게도 다가가게 할 수 있을까요?

'가라!'는 원리

예수님께서 제자들에게 마지막으로 위임하신 일은 "가서 모든 민족을 제자로 삼으라"[14]는 것입니다. 예수님을 따른다는 것은 "모든 민족" 곧 당신의 동네, 학교, 소속된 공동체의 사람들 중 아직 그분을 알지 못하는 사람들을 찾아가는 것입니다. 주도적으로 그렇게 하는 것입니다. 요즘 시대에 '좀 더 상식을 벗어나는' 일은 어떤 것일까요?

우리 교회의 한 남성은 파네라(Panera) 커피숍에서 시간 보내기를 좋아합니다. 그는 커피를 주문하고, 테이블에 성경을 펼쳐 놓은 뒤, "함께 기도

---

14 마 28:19.

하거나 대화하거나 이야기를 들어드릴 수 있습니다"라는 문구가 적힌 카드를 그 앞에 세워 둡니다.

아이오와주에 새로 생긴 한 교회는 열정적으로 이웃들에게 다가갔습니다. 그들은 다른 교회에 출석하는 사람들을 뺏어 오기를 원하지 않았기에, 술잔을 구입해 시내의 모든 술집에 나누어 주었습니다. 술잔에는 이런 글귀가 적혀 있었습니다.

> "한잔 주세요"(Give us a shot, 여기서 'Shot'은 '한잔'을 의미하면서, 동시에 '한번 찾아와 주세요'라는 이중적 의미를 지닌다-역주).
>
> - 크로스포인트연합감리교회(Cross Point United Methodist Church)

다른 교회 교인들 중에는 그 교회의 방식에 문제를 제기하는 사람도 있었다고 합니다 (그들이 그 술잔에 대해 어떻게 알았는지 의문입니다).

미국에서 가장 창조적으로 사역을 하는 (가장 큰) 교회 중 하나인 라이프처치의 담임목사 크레이그 그로쉘은, 교회에 다니지 않는 사람들에게 가장 효과적으로 교회를 홍보할 수 있는 장소가 어디일지에 대해 그의 팀과 함께 고민했습니다. 그들은 매우 모험적인 아이디어 하나를 생각해 냈습니다. 그것은 많은 사람이 찾는 포르노 사이트에 교회 광고를 올리는 것이었습니다.[15]

당신은 이같이 상식을 벗어나는 일을 기꺼이 할 수 있습니까?

15　Craig Groeschel, presentation at Catalyst (presentation, Willow Creek Community Church, South Barrington, IL, November 8, 2012).

미국은 시대가 바뀌었습니다. 1950~1960년대만 해도 사람들은 교회 가는 것을 당연하게 여겼습니다. 그 당시 교회에 있던 사람들은 그렇게 할 일이 많지 않았습니다. 예배 시간을 알려 주고, 시간이 되면 교회 문을 열어 찾아오는 사람들을 환영해 주는 것이 전부였습니다. 세상이 우리를 찾아왔기 때문입니다. 그러나 이제 세상은 스스로 교회를 찾아오지 않습니다. 지금 우리 시대는 웨슬리 시대와 닮아 있습니다. 우리가 그들에게 찾아가야 합니다. 우리는 사람들이 있는 장소로 찾아가 그들의 언어를 사용해 실제적으로 그리스도의 사랑을 보여 줄 수 있는 방법을 창조적으로 생각해 내야 합니다.

얼마 전 우리의 지역 신문에 "맥주를 마시며 성경을 공부하는 곳"(Where Bible Study Meets Beer)이라는 제목의 표지 기사가 실렸습니다. 기사는 주일 오전 교회에서 드리는 예배가 아닌, 마을 내에서 예배할 수 있는 새로운 장소를 소개하고 있었습니다. 수요일 저녁마다 스프링필드 시내의 스텔라 블루라는 바에서 열린 '술집 교회'(Bar Church)의 오프닝 행사에는 60명이 넘는 사람이 모였다고 합니다. 교회는 스스로를 "사람들이 서로를 판단하지 않고 함께 맥주 한잔 하면서 교제도 나누고 예배도 드리는 곳"[16]으로 소개했습니다.

26세의 목사 브랜던 담(Brandon Damm)은 이렇게 설명합니다. "예수님은 사람들을 사랑하셔서 세상으로 다가가셨습니다. … 그것이 우리 술집 교회가 하려는 사역입니다. 즉, 사람들이 있는 곳으로 다가가는 사역입니다."

16　Lauren Leone-Cross, "Bible Study Meets Beer at 'Bar Church,'" *The State Journal-Register* (Springfield, IL), January 13, 2014, http://www.sj-r.com/article/20140113/NEWS/140119727.

그는 예수님에 대해 다음과 같이 말합니다. "내가 아는 예수님은 창녀들, 세리들과 교제하며 시간을 함께하셨습니다. 그분은 술 마시는 사람들과도 교제하며 시간을 함께하셨습니다."[17]

그의 말은 모두 사실입니다. 그러나 그것이 브랜던의 삶을 더 편하게 해 주진 않았습니다. 술집 교회의 공식 페이스북 사이트를 개설하자 많은 '비난 메시지'가 쏟아졌습니다. 일부 교인은 그의 방법이 술 취하는 것을 조장한다고도 생각했습니다. 그러나 그것은 매우 잘못된 비난이었습니다. 브랜던은 후원 교회의 도움을 받아 한동안 금주와 회복 프로그램을 진행하기도 했습니다. 그는 단지 사람들이 있는 장소에서 그들의 언어로 소통하려 했던 것입니다.

나는 비록 술집을 들락거리던 사람은 아니지만, 술집 교회에는 즉시 가 보고 싶었습니다. 직접 방문하기 며칠 전 나는 그 계획을 페이스북 친구들에게 알렸고, 우리 교회 교인 몇 사람도 함께 동참했습니다. 놀랍게도 나는 그곳에서 어떤 어색함이나 불편함도 없었습니다. 사실은 매우 좋았습니다. 대체로 하나님을 잊어버리게 만들던 그곳이 지금은 사람들을 하나님과 이어 주는 곳으로 사용되고 있었고, 그들 대부분은 교회에 거의 가본 적이 없었습니다.

나는 예배 후 브랜던과 대화를 나누었는데, 그는 이렇게 말했습니다. "사람들은 우리가 이런 장소에서 예배를 드린다는 이유로 열을 냅니다. 그러나 우리의 초점은 술집에서 모인다는 데 있지 않고, 사람들이 편안하게

17　같은 곳.

느끼는 곳에서 모인다는 데 있습니다. 사람들은 편안하게 느끼는 곳에 있을 때 복음에 대해서도 더 수용적인 마음을 갖기 때문입니다."

예수님께서는 언제나 잘못된 장소에서 잘못된 사람들과 어울린다는 이유로 곤란한 상황에 처하셨습니다. 사람들은 그분을 먹기를 탐하고 포도주를 즐기는 사람이라며 비난했습니다. 그럼에도 예수님은 자신의 평판이 나빠지는 것을 단지 감수하신 것이 아니라 적극적으로 그렇게 행동하셨습니다. 그리고 그런 데는 조금도 신경 쓰지 않으셨습니다. 당신은 기꺼이 좀 더 상식을 벗어날 수 있습니까?

"가라!"라는 주님의 명령은 지리적 개념을 뛰어넘는 것입니다. 많은 사람이 정서적, 관계적, 경제적 고통을 겪고 있습니다. 우리가 그들이 있는 곳으로 찾아가 그들을 만나려면, 그들이 새로운 삶으로 나아가게 만들 진입로를 뚫어야 합니다. 우리의 지역 공동체에 속한 많은 사람이 사랑하는 사람을 잃은 후 우리 교회가 제공하는 슬픔 극복 교실을 통해 치유와 희망을 발견했습니다. 이혼의 아픔을 겪은 사람들도 이혼이 가져온 변화에 대해 다루는 케어 그룹을 통해 전에는 가능할 수 없을 것 같았던 삶을 살아가고 있습니다. 또 우리는 진지하게 교제 중이거나 약혼했거나 신혼인 커플들이 건강한 관계를 형성하는 데 꼭 필요한 것을 배울 수 있도록 하루 동안의 결혼 준비 워크숍을 엽니다. 신혼부부들이 앞으로 살아가는 동안 언제든 도움받을 수 있는 결혼생활의 멘토들도 있습니다. 오늘날은 연령대와 상관없이 재정관리가 매우 중요한 관심사입니다. 시간에 비해 돈이 없어 미래에 대한 어떤 계획도 세울 수 없는 상황에 대한 깊은 염려는 개인과 가족 구성원 전체에 무거운 짐이 됩니다. 지역 공동체와 교회 교인들 모두는 성경에 기초한 개인 재정 관리 교육을 통해 마음의 평안을 되찾게 된 것에 감사하고 있습니다.

우리가 지역 공동체에 속한 또 다른 그룹의 사람들에게 다가가기 위해서는 먼저 그들이 필요로 하는 물질적 필요를 공급함으로 그들을 만나야 합니다. 예수님의 형제 야고보는 이렇게 말했습니다. "만일 형제나 자매가 헐벗고 일용할 양식이 없는데 너희 중에 누구든지 그에게 이르되 평안히 가라, 덥게 하라, 배부르게 하라 하며 그 몸에 쓸 것을 주지 아니하면 무슨 유익이 있으리요."[18] 잘 사용한 깨끗한 옷을 값싸게 판매하는 가게나 무료 식료품 배급소 운영, 처방약 비용 지원, 싱글맘과 노인들을 위한 집 수리 봉사, 노숙자를 위한 숙소와 음식 제공, 그외에도 사람들의 물질적 어려움을 도울 수 있는 방법은 매우 많습니다. 물질적인 도움을 통해 그리스도의 사랑을 나타내는 것은 영적인 차원에서 그리스도를 경험할 수 있도록 문을 열어 줍니다.

"가라!"라는 주님의 명령의 최종적 의미는 영적인 의미에서 사람들이 있는 자리로 찾아가라는 것입니다. 안타깝게도 대부분의 그리스도인은 교회에 다니지 않는 사람들이 기독교에 반감을 가지고 있기 때문에 하나님이나 예수님에 대해 듣고 싶어 하지 않을 것이라고 생각합니다. 하지만 그런

---

18 약 2:15-16.

인식은 현실과 다릅니다. 미국 50개 주 전체와 캐나다에서 교회 다니지 않는 사람을 2천 명 넘게 조사하고, 그중 300명이 넘는 사람과는 개인적으로 인터뷰한 톰 라이너(Thom Rainer)는, 교회에 다니지 않는 사람들도 서로를 배려하고 판단하지 않는 대화를 통해 신앙과 신념에 대해 대화 나누는 것을 환영한다는 사실을 발견했습니다. 실제로 그들은 그리스도를 따르는 우리가 그것에 대해 말을 꺼내기를 기다리고 있습니다!

라이너는 샤론의 이야기를 전해 주면서, 그녀와 같은 사람이 매우 많다고 말합니다. 샤론은 샌디에이고에 살고 있고, 그녀가 다니는 종합 증권회사에는 두 명의 그리스도인 동료가 있습니다. 그녀와 두 친구는 사실 남부 캘리포니아에서 가장 잘나가는 중개인이었다고 합니다. 라이너와의 인터뷰에서 그녀는 다음과 같이 말했습니다.

마이크와 제니[샤론의 동료들]와 나는 우리가 꿈꾼 것보다 더 많은 돈을 벌었어요. 하지만 우리 모두는 어떻게 돈이 우리를 정말로 더 행복하게 만들어 주지는 못했는지에 대해 이야기를 나누었어요. 나는 그들이 매주 교회에 나간다는 것을 알기 때문에, 가끔 나에게 신앙에 관해 이야기를 꺼낼까 해서 힌트를 주곤 했습니다.

하루는 서로가 삶에서 중요하게 여기는 것에 대해 진지하고 진솔한 대화를 하게 되었습니다. 그래서 나는 단도직입적으로 교회가 그들에게 그렇게 중요한지 솔직히 물어보기로 결심했습니다. 내가 그 질문을 했을 때 그들이 얼마나 당황해하며 얼굴이 빨개졌는지 보셨어야 해요. 그들은 "물론이지"와 같이 몇 마디는 답했지만, 신앙에 대해 말하는 것을 매우 불편해한다는 것을 느낄 수 있었어요. 나는 그들이 왜 그랬는지 이해할 수 없었어요. 나는 무엇인가를 찾기 위해 열심히 노력 중이었는데, 둘 중 누구도 나에게 말해 주려 하지 않는 것 같다고 생각했어요.[19]

당신은 샤론과 같은 누군가를 알고 있습니까? 신앙은 지금 우리 문화에서 가장 인기 있는 주제입니다. 저와 당신의 삶에는 우리가 먼저 말문을 열기만 한다면 하나님과 신앙과 교회에 대해 이야기 나누고 싶어 하는 사람이 분명히 있습니다. 사실 라이너와 그의 연구팀은 사람들이 신앙에 대해 얼마나 마음이 열려 있는지를 보고 매우 놀랐습니다. 그들의 설문조사와 인터뷰에 의하면, 비기독교인 중 82퍼센트는 만약 자신이 신뢰하는 누군가가 자신을 초대한다면 교회에 나가 볼 가능성이 "매우 크다" 또는 "상당히 크다"고 답했습니다. 물론 이는 당신이 그들을 초대하자마자 즉시 교회에 올 것이라는 의미가 아니라, 만약 당신이 누군가와 오랜 시간에 걸쳐 신뢰할 수 있는 관계를 쌓아 왔다면, 현재 교회에 다니지 않는 그들 10명 중 8명은 초대에 응해 교회에 와볼 가능성이 높다는 것입니다.

라이너와 그의 연구팀이 교회에 다니지 않는 사람들 중에서 발견한 신앙을 대하는 5단계의 반응은 더욱 놀라웠습니다. 그것은 우리의 비기독교인 친구, 이웃, 동료들이 영적 여정에서 모두 같은 상태에 있지 않다는 사실을 보여 줍니다. 당신의 골프 친구, 친척, 어린 시절 친구가 반응하는 정도는 모두 제각각 다를 것입니다. 여기서 'U'는 '교회 다니지 않는다'는 뜻의 영어

---

19 Thom Rainer, *The Unchurched Next Door: Understanding Faith Stages as Keys to Sharing Your Faith* (Grand Rapids: Zondervan, 2003), 53 [톰 S. 라이너, 『우리가 교회 안 가는 이유』, 이혜림 역(서울: 예수전도단, 2007)].

단어 'unchurched'의 앞 철자를 딴 것입니다. 사람들이 신앙을 대하는 반응의 정도를 나누어 보면 다음과 같습니다.

U5: 복음에 강하게 저항하고 심지어 매우 적대적인 태도를 나타냄

많은 그리스도인이 바로 이런 부류의 사람과 마주치게 될까 봐 믿음 나누기를 주저하지만, U5는 미국에서 교회 다니지 않는 사람들 중 5퍼센트밖에 되지 않습니다.

U4: 복음에 저항하지만 적대적인 태도를 보이지는 않음

U4는 교회 다니지 않는 사람들의 21퍼센트를 차지합니다. 이들은 U5와는 달리 크리스마스나 부활절 같은 때에 복음의 특정한 요소에 대해 열린 태도를 보이지만, 복음에 즉각적으로 응답할 확률은 낮습니다. 이들이 복음에 더 수용적이 되려면 시간이 필요합니다.

U3: 대화에는 열려 있지만 관심은 갖지 않는 중립적 태도

라이너에 따르면, U3는 미국에서 교회에 다니지 않는 1억 6천만 명 중 36퍼센트라는 가장 높은 비율을 차지하는 부류의 사람들입니다. 대략 5,700만 명이나 되는 U3의 특징은 주로 무반응입니다. 이들은 복음에 저항적이지도 수용적이지도 않습니다.

U2: 복음과 교회에 대해 수용적임

U2는 교회에 다니지 않는 사람들 중 두 번째로 큰 부류로, 4,300만 명 정도가 여기에 속합니다. 이들은 자신의 삶에서 무언가가 빠져 있음을 느낍니다. 따라서 영적으로 무엇인가를 찾고 있으며, 교회로 초대할 경우 큰 관심을 가질 것입니다.

U1: 복음을 듣고 믿는 일에 매우 수용적임

라이너는 미국에 약 1,700만 명의 U1이 있을 것으로 추정합니다. 이들이 교회에 가지 않는 가장 큰 이유는 '바쁘기' 때문입니다. 그들은 정기적으로 기도하고, 기독교 신앙의 많은 부분에 동의하며, 단지 누군가가 그리스도 안에서 발견할 수 있는 소망에 대해 자신에게 이야기해 주기를 기다리고 있습니다. 이들이야말로 쉽게 수확할 수 있는 열매입니다.[20]

교회 다니지 않는 사람들은 확실히 다양한 그룹으로 이루어져 있습니다. 그들의 영적 상태를 이해하는 일은, 우리로 하여금 그들이 속해 있는 영적 단계에서 그들을 만나 그리스도를 향한 다음 단계의 여정으로 나아가는 일을 격려하는 데 도움이 됩니다. 이 놀라운 통계를 기억하시기 바랍니다. 라이너의 계산에 따르면, 6천만 명의 교회 다니지 않는 사람들, 비기독교인들이 예수님의 기쁜 소식을 받아들이는 일과 이 세상에서 행하시는 그분의 사역에 참여하는 일에 수용적이거나 매우 수용적입니다. 또 그 외에 5,700만 명은 중립적인 태도로 대화에 열려 있습니다. 예수님께서 제자들에게 하신 말씀은 과거의 그 어느때보다 오늘날 사람들의 상태를 바르게 표현하고 있습니다. "추수할 것은 많되 일꾼이 적으니."[21]

아이러니하게도 현대의 예수님의 제자들은 추수할 것이 별로 없다고 생각하는 경향이 있습니다. 그들은 "요즘은 하나님이나 영적인 일에 대해 아무도 관심이 없어"라고 말하곤 합니다. 하지만 예수님은 하나님이시기

---

20 같은 책, 64-96.
21 마 9:37.

에 모든 것을 보실 수 있습니다. 그분은 복음을 들을 준비가 된 수많은 사람을 보셨습니다. 문제는 일꾼입니다. 한 농부가 나에게 이렇게 말한 적이 있습니다. "곡식이 다 익었을 때 일어날 수 있는 안 좋은 일은 백 가지나 있습니다. 그래서 최대한 빨리 추수해야 합니다." 가장 위대한 농부이신 예수님도 그것을 아십니다. 그분의 해결책은 무엇일까요? 그분은 "그러므로 추수하는 주인에게 청하여 추수할 일꾼들을 보내 주소서 하라"[22]라고 말씀하십니다.

당신만의 이유를 발견하라

예수님께서 보시기에 일꾼이 부족한 문제는 기도로만 해결 가능한 것입니다. 그래서 "주인에게 청하여"라고 말씀하신 것입니다. 추수를 위해 새 일꾼을 얻기 위해서는, 사람의 마음에 중대한 변화가 일어나야 합니다. 즉, 그 사람만이 아는 새로운 이유가 생겨야 합니다. 다음의 이야기를 들어 봅시다.

> 나는 내 삶이 나만의 행복을 위한 것이라고 생각했어요. 나의 목표는 내가 원하는 모든 일을 하면서 행복과 성공을 성취해 편안하고 스트레스 없는 삶을 사는 것이었어요. 하지만 나의 교만과 이기심은 꿈을 이루지 못하도록 방해했고 나를 허무와 절망의 구덩이에 빠뜨렸습니다. 내가 그리스도를 내 삶에 초대할 때는, 그분이 나의 죄와 실수를 용서하시고, 마음의 평안을 주시며, 내가 항상 갈망해왔던 행복과 성공을 찾도록 도와주심으로 내 삶이 무한히 좋아질 것이라고만 생각했습니다. 처음에는 그렇게 해주셨습니다.

---

22 마 9:38.

하지만 그분은 거기서 멈추지 않으셨습니다. 예수님과 더 오래 동행하면 할수록, 나는 내 삶이 나만을 위한 것이 아님을 깨달았습니다. 이제 내 삶의 목적은 나 자신만의 행복과 성공을 위한 것이 아니라, 나를 향한 하나님의 뜻을 발견해 비범한 용기로 그 삶을 살아 내는 것이 되었습니다. 그런 삶을 산다는 것은 종종 나 자신이 즐기던 안락한 곳을 떠나 휴양지가 아닌 곳들을 찾아다니게 된다는 것을 의미합니다. 그것이 내가 즐기던 골프 게임을 즐기지 못하게 하고, 재산에도 큰 손해를 끼친 것이 사실입니다. 하지만 내가 지금처럼 나 자신에게 만족한 적은 과거에 없었습니다. 나를 위한 예수님의 깊은 사랑은 내 마음을 근본적으로 바꾸어 놓았고, 그분이 사랑하시는 사람들에 대한 사랑을 내 마음에도 일으켰습니다. 그들은 여전히 그분을 멀리하고 많은 도움이 필요한 사람들입니다.

우리가 주인에게 일꾼들을 보내 주시기를 청할 때, 하나님께서는 우리 마음속에 예수님께서 목적하시는 것과 부합하는 새로운 목적을 주십니다. 예수님께서 그렇게 하시는 데는 분명한 이유가 있습니다.

"인자가 온 것은 잃어버린 자를 찾아 구원하려 함이니라."[23] 예수님께서는 한순간도 그 사명을 잊지 않으셨습니다. 이는 그분이 제자들을 부르실 때 가장 먼저 하신 초대의 말씀에서 잘 알 수 있습니다. "말씀하시되 나를 따라오라 내가 너희를 사람을 낚는 어부가 되게 하리라 하시니."[24] 그분의 목적은 매우 분명했습니다. 그리고 내가 예수님의 제자가 되자, 그분의 사역 중 많은 것이 이제 나 자신의 것이 되었습니다.

---

23 눅 19:10.
24 마 4:19.

나는 어린 시절 교회에서 자라났습니다. 그러나 안타깝게도 중고등학교 시절 교회는 영적으로 매우 메마른 시기를 거치고 있었습니다. 비록 지금은 하나님께서 상황을 바꾸어 놓으셨지만, 몇 년 전만 해도 많은 사람이 우리 교회는 지루하고 열심이 없으며 영적으로 죽어 있다고 말하곤 했습니다. 그러나 그 속에서도 생명의 씨앗은 여전히 남아 있었습니다. 하나님께서는 그곳 사람들, 특히 주일학교 선생님들을 사용하셔서 나를 예수 그리스도께 대한 믿음으로 이끌어 주셨습니다.

하지만 나와 똑같이 영적 궁금증을 가지고 진리를 찾았던 많은 친구가 교회에 정착하지 못했습니다. 그들은 교회 안에서 자라나지 않았고, 교회의 풍부한 전통과 교회 사람들이 사용하는 언어에 낯설어했습니다. 또 교회 사람들과 친밀해질 수 있는 방법을 몰랐고, 무엇인가 발언하고 행동하기 위해 5~10년을 기다릴 인내심도 없었습니다. 그냥 교회 다니는 것이 자신과 맞지 않다고 생각했습니다. 결국 그들은 교회를 외면하고 자신도 모르는 사이에 영적으로 방황하는 상태가 되고 말았습니다.

세월이 지나면서 나는 그들이, 어떤 도덕적 나침반이나 옳고 그름을 판가름해 줄 어떤 믿을 만한 기준도 없이, 또는 자녀를 양육하고 배우자를 사랑하며 직장생활을 잘 하고 하나님을 찾는 방법을 알려 주는 어떤 건전한 안내자도 없이 인생을 살아가는 것을 지켜보았습니다. 계속 반복적으로 나는 이 밝고 전도유망했던 사람들이 고통스러운 이혼, 중독적 행동, 역기능적 관계, 잘못된 재정 관리로 자신의 삶을 파괴해 가는 것을 보았습니다. 이 모든 불행은 그들이 생명의 창조주와 관계없이 스스로의 방식으로 삶을 산

데서 초래된 것이었습니다.

누구도 곁에서 그들과 함께하며 더 나은 길을 제시해 줄 정도로 그들을 도와준 적이 없었기에 그들의 삶이 파멸로 치닫는 것을 볼 때 나는 너무나 마음이 아픕니다. 나는 그런 불행한 결론이 필연적이지 않음을 압니다. 높고 깊고 넓고 순결한 사랑으로 사람의 마음을 변화시켜 운명 전체를 바꾸시는 하나님이 계시기 때문입니다.

그것이 내 삶의 이유입니다. 하나님께서는 내 마음에 그 이유를 주셔서 이런 사람들, 하나님과 멀어졌음에도 그것을 깨닫지도 못하는 내 친구들에게 다가가게 하셨습니다. 그리고 내게 이런 사람들을 위한 특별한 책임을 맡기셨습니다. 그들의 영적 상태는 내 마음을 무겁게 합니다. 과거에는 이러한 책임을 '짐'이라고 불렀습니다. 내가 무엇을 하든 나는 그 짐에서 벗어날 수 없습니다. 그리고 사실은 벗어나고 싶지도 않습니다.

예수님께서 맡기신 사명이 당신의 마음에 스며들어 있나요? 믿음을 통해 그리스도께서 사랑으로 당신을 만지시고, 당신이 그분의 사랑에 사로잡히면, 그것이 당신의 삶의 이유를 바꿀 것입니다. 당신은 새로운 빛을 통해 하나님께서 사람들을 얼마나 소중히 여기시는지를 알게 될 것입니다. 사람들이 하나님을 떠나 방황하며 사랑받지 못한 채 세상을 이리저리 배회하는 것을 가만히 보고만 있을 수 없게 될 것입니다. 그들의 인생이 그런 각본대로 흘러가는 것을 받아들일 수 없게 될 것입니다. 사랑이 어떤 조치라도 취하도록, 어쩌면 다른 이들이 시도해 본 적 없는 무엇인가를 행하도록 당신을 강권할 것입니다. 당신은 '좀 더 상식을 벗어나기로' 결심하고, 단지 지역적으로만이 아니라 다른 많은 차원에서 사람들이 있는 곳으로 찾아가게 될 것입니다. 그들이 있는 곳에서 그들의 상황에 적합하도록 그들을 만나며, 그들이 이해할 수 있는 방식으로 예수님의 복음을 전하고자 노력하게 될 것입니다. 우리는 그 방법을 다음 장에서 다룰 것입니다. 평생 처음으로 당신의 삶의 이유에 부합하도록 살고 있다는 사실로 인해 당신이 완전히 살아 있음을 느끼게 되는 것은 덤입니다.

기도

주님, 제가 주님을 알지 못하는 사람을 만날 때마다 긍휼히 여기며 애통하는 마음을 주시고, 그들이 있는 곳으로 찾아가 그들을 만나려는 소원을 부어 주세요.

주의 말씀을 내 마음에 두었나이다

"이에 제자들에게 이르시되 추수할 것은 많되 일꾼이 적으니 그러므로 추수하는 주인에게 청하여 추수할 일꾼들을 보내 주소서 하라 하시니라" (마 9:37-38).

3장 쉽게 전하라

"경우에 합당한 말은 아로새긴 은 쟁반에 금 사과니라."
- 잠언 25장 11절

"생각은 현자처럼 하되 평범한 사람의 언어로 소통하라."
- 윌리엄 버틀러 예이츠(William Butler Yeats)

혹 당신과 다른 언어를 쓰는 사람과 대화해 본 적이 있나요? 몇 년 전 나는 스페인 남단에서 사람들로 가득한 열차를 타고 있었습니다. 내 옆에 가까이 서있던 한 남성이 내게 급하게 할 말이 있는 것 같았습니다.

"Sprechen Sie Deutsch?"(독일어를 할 수 있나요?) 하고 그가 물었습니다.

나는 대답했습니다. "No. English?"(아니요. 영어 할 줄 아세요?)

"No"(아니요). 그는 또 물었습니다. "Parlez-vous français?"(프랑스어 할 줄 아세요?)

나는 대답했습니다. "No"(아니요). 나는 스페인어를 조금 알았기에, 마지막으로 시도해 보기로 했습니다. "¿Hablas español?"(스페인어는 하세요?)

그는 답했습니다. "No. Italiano?"(아니요. 이탈리아어는요?)

"No"(아니요).

몇 초 동안 우리는 다섯 개의 언어를 사용해 가며 소통 가능한 공통분모를 찾으려 했지만 결국 실패했습니다. 마침내 그는 두 손을 들고 크게 좌절한 듯한 동작을 하고는 포기했습니다. 남아 있는 승차 시간 동안 우리는 아무 말 하지 않고 그저 곁에 서 있을 뿐이었습니다. 나는 지금도 그가 그리도 급하게 나에게 하려 했던 말이 무엇인지 궁금합니다(혹시 내가 그의 발을 밟은 것은 아닐까 하는 생각이 듭니다).

해야 할 아주 중요한 말이 있는데 상대방이 당신의 언어를 모를 때 그것이 어떤 기분인지 당신은 아마 짐작할 것입니다. 당신이 미국에 사는 그리스도인이라면 신앙을 주제로 말하려는 순간 옆에 있는 누군가가 당신이 사용하는 어휘를 전혀 이해하지 못하는 상황에 매우 익숙할 것입니다. 아이러니하게도, 영적인 것에 대한 문화적 호기심은 최고조에 달해 있는데도 사람들이 기독교에 대한 알고 있는 기본 상식은 점점 줄어들고 있습니다.

이러한 표면적 모순이, 왜 성경에 관한 콘텐츠가 영화관에서든 텔레비전에서든 놀랄 만큼 인기를 끄는지를 설명하는 열쇠가 될지도 모릅니다. 하나님의 말씀을 보기 위해 할리우드에서 제작한 <노아>(Noah), <더 바이블>(The Bible), <선 오브 갓>(Son of God) 등의 영화를 관람한 사람은 수백만 명이나 됩니다. 이는 대부분의 사람이 이해하기 힘든 말과 역사 이야기로 가득한 오래된 성경을 꾸준히 읽지 않더라도 성경이 하나님에 대해, 그분과 바른 관계를 맺는 방법에 대해 말씀하는 것이 무엇인지를 알고 싶어 하는 사람들의 숨겨진 바람을 드러냅니다.

2014년, 바나(Barna) 리서치 그룹과 미국성서공회는 "성경을 대하는 실태"(State of the Bible) 연구를 통해 의미심장한 내용을 발표했습니다.¹ 그것은 성경을 신성한 문서로 여기는 미국인의 수가 2011년에는 86퍼센트였는데 2014년에는 79퍼센트로, 겨우 3년 만에 무료 7퍼센트나 감소했다는 것입니다. 동시에 이 연구에서 '성경에 대해 회의적 태도를 지닌 사람'(Bible skeptics)으로 분류한 사람의 수는 급격히 증가했습니다. 성경을 '많은 이야기와 조언을 담은, 여러 사람이 쓴 교훈집 중 하나'로 생각하는 사람의 수는 10퍼센트에서 19퍼센트로 거의 두 배나 늘었습니다. 성경 회의론자의 수는 조사를 시작한 2011년 이후 처음으로, 일주일에 적어도 네 번 이상 성경을 읽고 성경이 하나님의 직접적인 말씀 또는 하나님께서 영감을 주셔서 기록한 말씀으로 여기는 '성경을 가까이하는 사람'(Bible engaged)의 수와 같아졌습니다. 18세에서 29세까지에 해당하는 새로운 밀레니얼 세대는 이러한 회의주의로의 이동을 주도하고 있습니다. 모든 성인 중 50퍼센트는 성경이 사회에 끼치는 영향이 너무 적다는 생각을 하고 있지만, 밀레니얼 세대 중에는 겨우 30퍼센트만 이에 동의합니다.²

이와 연관성이 있는 또 하나의 추세는 '무종교인의 증가'(the Rise of the Nones)입니다. 수십 년 전 시카고 대학교의 한 연구팀이 미국인의 종교 실태에 대한 조사를 시작했습니다. 그들은 "당신이 선호하는 종교는 무엇입니까?"라고 질문한 후 개신교, 천주교, 유대교, 그외 다른 종교, 무종교 중에

---

1   Barna Group, *State of the Bible*, April 8, 2014, https://www.barna.org/barna-update/culture/664-the-state-of-the-bible-6-trends-for-2014#.VCCa7mePKpo.
2   Barna Group, "American Bible Society's State of the Bible 2014," http://www.americanbible.org/uploads/content/state-of-the-bible-2014-infographic-horizontal-american-bible-society.pdf.

서 선택할 수 있게 했습니다. 1972년에는 미국인 중 5퍼센트가 자신은 '무종교'라고 답했습니다. 1990년에는 그 수가 8퍼센트로 증가했습니다.[3] 그러나 2014년이 되자 '무종교'라고 답한 미국인의 수는 이전보다 거의 세 배나 뛰어 22.8퍼센트에 육박했습니다.[4] 1990년 이후의 25년이라는 기간에 중대한 변화가 생긴 것입니다. 이전 조사에서는, 비록 현재는 특정 교회에 출석하고 있지 않은 사람들도, 자신이 어릴 때 다녔던 교회나 자신의 가족이 속한 침례교나 천주교 등 어느 정도 연관성이 있는 종교를 자신이 소속된 종교라고 여기면서 자신은 신앙을 가지고 있다고 답했습니다. 그러나 이제는 그렇지 않습니다.

'무종교'로 답한 사람의 비율은 상당한 논란을 불러 일으켰습니다. 많은 사회 평론가가 이제 전례 없이 많은 미국인이 종교를 부정하고 있다고 평가합니다. 어떤 이들은 사람들이 더 솔직해진 것일 뿐이라고 말합니다. 그러나 시카고 대학교의 연구원들은 '무종교' 곧 자신이 어떤 조직화된 종교에 속해 있지 않다고 답하는 사람들과, 자신을 무신론자로 여기는 사람들 사이를 주의 깊게 구분 지으면서, 인터뷰한 사람들 중 자신이 무신론자임을 밝힌 사람은 단 3퍼센트뿐이고, 또 어린 시절부터 어떤 종교에도 소속되

---

3   Yasmin Anwar, "Americans and Religion Increasingly Parting Ways, New Survey Shows," UC Berkeley News Center, March 12, 2013, http://newscenter.berkeley.edu/2013/03/12/non-believers.
4   Sarah Eekhoff Zylstra, "Pew: Evangelicals Stay Strong as Christianity Crumbles in America," *Gleanings*, May 11, 2015, http://www.christianitytoday.com/gleanings/2015/may/pew-evangelicals-stay-strong-us-religious-landscape-study.html.

지 않은 채 자랐다고 답한 사람은 겨우 8퍼센트밖에 되지 않음을 밝힙니다.[5] 사람들이 종교를 부정하게 되었든 아니면 더 솔직해진 것이든, 자신이 조직화된 종교와 관계가 없다고 여기는 사람의 수가 증가했다는 그 한 가지 사실만큼은 분명합니다. 문화는 매우 빠르게 변하고 있습니다.

이러한 변화의 소용돌이에서, 기독교는 자신만의 언어를 사람들과 소통 가능한 언어로 번역해 내지 못하고 있습니다. 포스트모던 시대의 사람들은 점점 기독교적 언어를 사용하지 않습니다. 그들은 성경에 나오는 이야기나 주제, 주요 인물을 알지 못하고, 기독교의 역사와 전통에 대해서도 전혀 아는 것이 없습니다. 조지 헌터는 이들을 '무지론자'(ignostics)라고 부릅니다. 이들이 그리스도인들이 하는 말을 전혀 이해하지 못하기 때문입니다.[6] 대부분의 미국인에게 구원(redemption)은 푸드 스탬프(미국에서 저소득층에 제공하는 식품 구입용 바우처-역주)를 사용해 물건을 구입(redemption)하는 것이고, 킹 제임스(영어 흠정역 성경-역주)는 클리블랜드팀 농구 선수이며, 그레이스(Grace, 은혜-역주)는 파란 눈을 가진 금발 소녀의 이름일 뿐입니다.

이런 해석의 문제는 세계 곳곳에서 드러나고 있습니다. 혹시 <몬티 파이톤>(Monty Python, 역사를 희화화한 코미디 영화-역주) 시리즈를 보셨나요? (괜찮습니다. 인정하셔도 됩니다). BBC의 한 주요 관계자에 따르면, 영국의 대중은 너무나도 '얕은 종교적 문해력을 가지고 있어서' 만약 <몬

---

5 Anwar, "Americans and Religion Increasingly Parting Ways."
6 George Hunter, *How to Reach Secular People* (Nashville: Abingdon, 1992), 41.

티 파이톤> 시리즈 중 예수님의 삶을 코믹하게 패러디한 <브라이언의 삶>(The Life of Brian)을 본다면 매우 당황할 것입니다. 사람들이 거기에 나오는 성경에 관한 내용을 전혀 이해하지 못할 것이기 때문입니다.

BBC에서 종교와 윤리 분야의 책임자인 아킬 아메드(Aaqil Ahmed)는, 두 세대가 넘도록 이어진 빈약한 종교교육의 결과 사람들은 기독교나 다른 종교에 대한 기본 상식조차 갖지 못한 상태가 되었다고 말합니다. 그는 한 인터뷰에서 오늘날 사람들이 과연 1979년판 <몬티 파이톤> 영화에 나오는 '산상수훈에 대한 재미있는 장난'을 이해할 수 있을지 궁금해했습니다. 영화에서 한 여성이 "치즈 만드는 사람이 왜 그렇게 특별해요?"라고 묻는데, 이는 멀리 떨어져 예수님의 말씀을 듣다 "화평케 하는 자(peacemakers)는 복이 있나니"라고 하신 것을 "치즈 만드는 사람(cheesemakers)은 복이 있나니"로 엉뚱하게 알아들었기 때문입니다[7](영화에서는 상황이 훨씬 재밌게 전개됩니다. 참고. https://www.youtube.com/watch?v=NFPIGNua5WM&ab_channel=PamSmith –역주).

우리는 문화가 급변하고 기독교 신앙에 대한 기본 상식이 사라진 서구 세계의 새로운 시기에 접어들었습니다. 그리스도인은 이제 자기 땅에서 선교사로 살아가야 합니다. 그리스도를 따르는 우리는 사무실, 학교, 직장, 마을, 심지어 집안 사람들이 신앙적 용어를 모른다고 가정하고 행동해야 합

---

7   Ian Burrell, "It's No Laughing Matter: Britain Has Become a Nation of Religious Illiterates 'Who Are Baffled by Biblical References in Monty Python Film *The Life of Brian*,'" *Independent*, October 18, 2013, http://www.independent.co.uk/news/media/tv-radio/its-no-laughing-matter-britain-has-become-a-nation-of-religious-illiterates-who-are-baffled-by-biblical-references-in-monty-python-film-the-life-of-brian-8890338.html.

니다. 그들과 소통하기 원한다면 복음의 메시지는 21세기 문화의 언어로 재탄생해야 합니다.

나의 한 친구는 위클리프성경번역선교회(Wycliffe Bible Translators)에서 해외 선교사로 섬기고 있습니다. 그녀는 일리노이주에서 자랐고 평생 미국에서 살았지만, 동아프리카 탄자니아로 선교지가 배정되었습니다. 그녀의 팀은 부룽게(Burunge) 부족의 언어와 문화를 배우기 위해 그들과 함께 살고 있습니다. 그들의 목표는 부룽게 부족이 이해할 수 있도록 성경을 부룽게어로 번역하는 것입니다. 부룽게 부족은 아직 모국어로 번역된 성경이 없는, 전 세계 약 1,860개의 부족 중 하나입니다.[8] 그런데 포스트모던 시대의 미국 사람들 역시 점점 그들과 같은 형편에 빠져들고 있습니다. 중요한 연구 결과에 따르면, 그들은 1억 8천만 명으로 이루어진 강력한 부족입니다.

그렇다면 우리는 어떻게 기독교 신앙을 교회에 다니지 않는 우리의 친구, 이웃, 동료들이 이해할 수 있는 언어로 번역할 수 있을까요? 그것은 우리의 행동으로 그들을 인도하는 것에서 시작됩니다.

행동으로 이끌라

말하는 것은 쉽습니다. 우리 모두는 말은 잘하는데 행동이 따르지 않는 사람들을 알고 있습니다. 우리는 그것을 가식이라고 부릅니다. 대부분의 사람

---

[8] "Scripture and Language Statistics 2014," Wycliffe Global Alliance, 2015년 6월 23일에 접속함, http://www.wycliffe.net/resources/scriptureaccessstatistics/tabid/99/Default.aspx.

은 과장 광고에 속지 않고, 그 '제품'이 실제로 삶에 도움이 되는지 알고 싶어 합니다. 말만으로는 그것을 확인할 길이 없습니다. 신앙에 관해서도 복음을 말 이전에 행동으로 보여 주는 것이 더 낫습니다.

2월의 한 추운 날 아침, 우리 교회의 한 그룹이 하나님의 사랑을 실제적인 방식으로 보여 주기 위해 스프링필드 지방법원 앞에 모였습니다. 사람들이 질퍽거리는 눈길을 지나갈 때 우리는 지나는 모든 사람에게 핫초코와 집에서 만든 쿠키를 나누어 주었습니다.

그 일은 많은 사람에게 큰 인기를 끌었습니다. 그날 하루 또는 아마도 인생에서 그들은 친절함을 거의 경험하지 못했을지도 모릅니다. 값을 지불하거나 그것을 받을 만한 일을 하지 않았는데도 핫초코와 쿠키를 받게 되자, 그들의 얼굴에는 웃음꽃이 피었고 발걸음은 가벼워졌습니다. 어떤 사람은 순수하게 받아들이지 못해, 자꾸만 "이런 일을 하시는 의도가 뭔가요?" 하고 물었습니다. 우리의 대답은 간단했습니다. "당신을 위해서예요. 당신에게 하나님의 사랑을 보여 드리려고요."

물론 "고맙지만 괜찮습니다"라며 고개를 숙이고 지나가는 사람도 제법 있었습니다. 그래도 괜찮았습니다. 우리가 제안한 것이었으니까요. 다르게 반응하는 사람도 있었습니다. 한 남성은 "무료 핫초코입니다"라고 쓴 글을 보고는, "저 여자가 원하는 게 뭡니까?"라고 묻기도 했습니다.

그날 오후 누군가가 교회의 웹사이트에 이런 글을 적었습니다. "오늘 아침 법원에 출근할 때 건네주신 핫초코 한 잔은 정말 멋진 선물이었어요! 10시 반쯤 데워서 마셨는데 진짜 맛있었습니다! 여러분의 사역을 탐탁지 않게 여기는 사람들에 대해 사과할게요. 이 건물에 아주 이상한 사람들이 오곤 해서 그렇답니다. 다시 한번 감사해요. 여러분 덕분에 웃게 됩니다!"

몇몇 사람의 반응은 우리에게 아무런 문제가 되지 않았습니다. 전혀 모르는 사람이 아무 이유 없이 핫초코를 주면 이상한 생각이 드는 것이 당연합니다. '저 사람들은 왜 이런 일을 할까? 뭘 바라고 하는 거지?' 하는 생각이 즉시 스칠 것입니다. 그리고 바로 그런 생각을 했기 때문에, 이 일이 다른 목적이 아닌 단지 하나님의 은혜를 나타내기 위한 것임을 알게 되었을 때 사람들은 마음을 누그러뜨리는 것입니다. 무엇을 얻기 위해 한 일이 아니기 때문입니다. 이 일은 주는 것 자체가 목적입니다. 대부분의 사람은 거래에 익숙합니다. "당신이 그것을 주면 나는 이것을 주겠소." 어떤 조건도 없이 받은 친절은 사람의 마음을 녹입니다.

교회에 다니지 않는 사람들도 참된 신앙은 좋은 소식이자 행위임을 어느 정도는 은연중에 알고 있습니다. 참된 신앙은 진리와 그것을 입증하는 증거 모두를 포함하기 때문입니다. 그러나 신앙에 회의적인 사람들의 마음의 문을 열려면 우리는 반드시 행위로 그들을 이끌어야 합니다. 영적 호기심을 가진 사람들은 마음속 깊이 이런 생각을 합니다. '나에겐 말로 하지 말고, 너의 믿음을 행동으로 보여 줘. 난 너의 믿음이 삶에 어떤 변화를 가져왔는지를 보고 싶어. 만약 네가 이기적이지 않고 사랑으로 다른 사람을 위해 무엇인가를 하는 것을 본다면, 그때 나는 네 말을 들어 볼 거야.'

우리가 봉사를 시작한 지 몇 개월이 지났을 때, 한 여성이 예배 후 악수를 청하며 내게 말했습니다. "나는 지난 2월에 핫초코 한 잔을 받았어요. 아마도 당신이 내게 건네주었던 것 같아요. 이후에 나는 이 교회가 집에서 멀지 않은 것을 알게 됐어요. 나는 인생에서 몇 가지 중요한 변화를 겪고 있는 중이라, 한번 가봐도 좋겠다고 생각했어요. 그래서 오늘 왔는데 좋았습니다. 다음 주에도 올게요."

우리는 겸손한 행동으로 사람들의 마음을 얻을 수 있습니다. 바울은 로마의 초기 그리스도인들에게 쓴 편지에서, 우리를 마음과 삶의 변화로 이끄시는 것은 하나님의 인자하심이라고 말합니다.[9]

사람들에게 하나님의 인자하심을 보여 준 것은 초기 메소디스트 운동에 엄청난 활력을 불어 넣었습니다. 1740년대 초, 존 웨슬리와 그를 따르기 시작한 사람들은 런던의 한 버려진 대포 주조 공장(Foundry)을 구입해 영국의 메소디스트 본부로 개조했습니다. 파운드리에 자리 잡은 새로운 메소디스트 신도회는 열심을 다해 친절과 자비를 실천했습니다. 웨슬리는 오늘날 소액 대출 기금이라 부르는 것을 만들어, 첫 해에는 250명에게 소액 대출을 해주었습니다. 또 매주 금요일 가난한 사람들을 위해 기초 의료 서비스를 제공했습니다. 또 파운드리에는 가난하고 나이 많은 미망인들과 그 자녀들이 머물 수 있도록 집 두 채를 마련했습니다. 길거리의 아이들을 위해 학교도 세웠습니다.[10] 웨슬리가 가졌던 믿음은 "사랑으로써 역사하는 믿음"[11]이었던 것입니다. 그는 내적으로 경험한 그리스도의 사랑을 그리스도께서 행하신 것과 같은 사랑의 외적 표현과 연결했습니다. 진리와 그것을 입증하

---

9 롬 2:4.
10 Adam Hamilton, *Revival: Faith as Wesley Lived It* (Nashville: Abingdon, 2014), 113.
11 갈 5:6.

는 증거를 연결 지은 것입니다. 이는 강력한 능력을 지닌 조합입니다.

이제까지 살펴본 것처럼, 행동으로 나타낸 믿음은 사람들의 마음 문을 열어 우리에게 말할 수 있는 기회를 줍니다. 마음의 문이 열린 그 순간은 매우 소중합니다. 그 기회를 최대한 선용하려면, 우리는 그들이 이해할 수 있는 언어로 말해야 합니다.

쉽게 말하라

긴 단어와 짧은 단어 중 어떤 것을 사용하는 것이 당신을 더 지적으로 보이게 만들까요? 대부분의 사람은 긴 단어를 사용하는 것이라고 답할 것입니다. 이는 대니얼 오펜하이머(Daniel Oppenheimer)가 스탠포드 대학교 학생을 대상으로 한 여론 조사를 통해 발견해 낸 것입니다. 학술 논문에서 더 지적으로 보이기 위해 용어를 수정한 적이 있느냐는 질문에는 86퍼센트의 학생이 그렇다고 답했다고 합니다. 그들만 그런 것은 아닙니다. 하지만 더 중요한 질문은 "과연 그것이 정말 효과가 있는가?" 입니다. 긴 단어를 말하는 것이 사람을 더 지적으로 보이게 할까요?

그렇지 않음을 보여 주는 증거가 있습니다. 오펜하이머가 재밌는 제목을 붙인 논문, "필요성과 무관한 박식한 언어 사용의 결과: 쓸데없이 긴 단어를 사용하는 것의 문제점"에서 그 힌트를 얻을 수 있습니다.

이 연구에서는 71명의 스탠포드 대학교 학생에게 '매우 복잡한' 글과, 내용은 같지만 더 간단하게 쓰인 글을 평가해 보게 했습니다. 놀랍게도 그들은 더 복잡하게 글을 쓴 사람이 덜 지적이라는 평가를 내렸습니다. 이 연구에서 오펜하이머의 결론은 다음과 같습니다. "당신이 할 수 있는 한 명쾌하고 간단하게 글을 쓴다면, 당신은 더 지적으로 보일 것이다."[12]

많은 그리스도인이 복잡함이라는 강박관념에 시달리고 있습니다. 그들은 신앙에 대해 말할 때 지적으로 보여야 한다고 생각합니다. 엎친 데 덮친 격으로, 기독교 용어에는 '선행적'(prevenient), '칭의'(justification), '성화'(sanctification), '영화'(glorification) 등 길고 어려운 단어가 많습니다. 그래서 신자들은 아직 신앙을 갖지 않은 사람들이 이해할 수 없는 단어를 무심코 사용하기 쉽습니다. 하지만 예수님께서 말씀하실 때는 백성이 즐겁게 들었습니다.[13] 예수님은 그들이 이해하는 언어를 사용할 줄 아셨던 것입니다.

아무나 그럴 수 있는 것은 아닙니다. 웨슬리 역시 처음부터 그랬던 것은 아닙니다. 웨슬리는 목사의 자녀로 자라났습니다. 아버지 새뮤얼과 어머니 수잔나 모두 똑똑하고, 교육 수준이 높으며, 끊임없이 배우는 사람이었습니다. 웨슬리는 어려서부터 신앙의 언어를 섭렵했습니다. 이후 그는 기독교 전통을 매우 소중히 여기는 옥스퍼드 대학교 교수이자 영국 국교회의 목사가 되었습니다. 그러나 그는 60여 년이 넘게 불타오르는 목회 열정으로 복음을 대중에게 증거했는데, 그들 중 대부분은 제대로 교육받지 못한 사람들이었습니다. 그래서 그는 학문적 언어를 사용하지 않았습니다. 그는

---

12 Daniel M. Oppenheimer, "Consequences of Erudite Vernacular Utilized Irrespective of Necessity: Problems with Using Long Words Needlessly," *Applied Cognitive Psychology* 20 (2006): 153, doi:10.1002/acp.1178.
13 막 12:37.

말했습니다. "나는 평범한 사람들을 위해 진리를 단순하게 말하고자 합니다. … 나는 일상생활에서 사용하지 않는 어떤 어려운 단어 사용도 피하고자 노력합니다."[14]

웨슬리는 매일 만나는 보통 사람들과 소통하는 능력으로 매우 유명해졌지만, 그가 처음부터 그랬던 것은 아닙니다. 젊은 목사였을 때 그는 시골 교회 회중을 향해 매우 지적인 설교를 하다 완전히 실패하곤 했습니다. 그는 교인들의 얼굴 표정을 통해 자신의 말을 전혀 이해하지 못하고 있다는 것을 알 수 있었습니다. 그러나 좌절하지 않고 여러 긴 단어를 지우고 간단한 단어로 바꾸어 보았습니다. 이번에는 그들이 반쯤 혼란스러워하는 것 같았습니다.

웨슬리는 그보다 더 나은 소통을 원했습니다. 그는 가정부로 일하던 벳시에게 자신의 설교를 읽어 주며 이해하지 못하는 말이 나올 때마다 알려 달라고 요청했습니다. 웨슬리는 벳시가 "멈춰 주세요"라고 말한 횟수에 충격을 받았습니다. 그리고 자신의 모든 학문이 평범한 사람들에게 그리스도를 전하는 데 방해가 된다는 것을 깨달았습니다. 그는 이때부터 사람들이 자신의 모든 말을 알아들을 수 있을 때까지 긴 단어를 짧게 바꾸기로 결심했습니다.[15]

웨슬리는 동료 설교자들에게도 그렇게 하기를 권했습니다. 그가 새뮤

---

14 John Wesley, Preface to Sermons on Several Occasions (1746), in *Sermons I: 1–33*, ed. Albert C. Outler, vol. 1 of *The Bicentennial Edition of the Works of John Wesley* (Nashville: Abingdon, 1984), 104.
15 John Bishop, "John Wesley: Plain Truth for Plain People," *Preaching*, May 1, 1987, http://www.preaching.com/resources/past-masters/11566916/.

얼 펄리(Samuel Furley) 목사와 나눈 대화를 한번 들어 봅시다.

> 이해력이 가장 낮은 사람들을 가르쳐야 할 당신과 나는 특히 사람들이 알아듣기 쉽게 말해야 합니다. 우리는 현자처럼 생각하되 가장 일상적인 언어로 말해야 합니다. 우리는 할 수 있는 한 언제나 가장 평범하고 짧으며 쉬운 단어를 (정제된 말로 적절하게) 사용해야 합니다. 약 10년 정도 대학에서 가르칠 때는 나도 당신처럼 글도 쓰고 말도 했습니다. 그러나 내가 성이나 마을에서 평범한 사람들에게 말하면 그들은 당혹해하며 쳐다보았습니다. 이것이 나로 하여금 즉시 말하는 방식을 바꾸어 그들의 언어를 사용할 수밖에 없게 만들었습니다. 그러나 이 단순함에는 위엄이 있어, 가장 높은 계층에 있는 사람들도 이를 못마땅하게 여기지 않습니다.[16]

우리는 자신에게 익숙한 말이 다른 사람에게도 익숙할 것이라고 추정하기 쉽습니다. 하지만 미국 문화에서 사람들이 죄, 은혜, 구원, 회개, 성결 같은 기독교적 언어를 이해하리라고 짐작할 수 있는 시대는 이미 지나갔습니다. 그것을 쉬운 용어로 풀어 설명해 주지 않는다면, 우리는 교회에 다니지 않는 사람이 전혀 이해할 수 없는 말을 하는 것이 됩니다.

그렇다면 어떻게 사람들이 사용하는 언어를 배울 수 있을까요? 텔레비전을 좀 보시기 바랍니다. 가장 인기 있는 라디오 프로도 청취하십시오. 모든 사람이 말하는 그 영화도 보러 가십시오. 마트 출구에서 판매하는 잡지들도 읽어 보세요. 십대들과 대화를 나누세요. 열일곱 살인 내 딸은 자신이

16　John Wesley, Letter to the Rev. Samuel Furley (July 15, 1764), *Letters III (1756–1765)*, ed. Ted A. Campbell and Randy L. Maddox, vol. 27 of *The Bicentennial Edition of the Works of John Wesley* (Nashville: Abingdon, 2015).

이해하지 못하거나 유통기한이 지난 표현을 사용하면 기꺼이 내게 알려줍니다("아빠, 정말 그렇게 말할 거예요?!"). 만약 집에 십대 자녀가 없다면, 빌려 오기라도 하십시오. 두세 명에게 맛있는 것을 사주면서 그들의 눈으로 보는 세상이 어떤 것인지 들어 보십시오. 그렇게 듣다 보면, 그들의 언어로 말할 수 있는 최선의 방법을 발견할 수 있을지도 모릅니다.

대화에 초대하라

사람들과 소통할 수 있는 언어를 익힌 후에는 대화에 사용해 보십시오. 당신 주변에 있는 선량한 이웃을 좀 더 알아가십시오. 쉬운 방법은 그들을 식사에 초대하는 것입니다. 내가 이전에 사역했던 교회에서는 '8인의 만찬'이라는 프로그램을 기획해 참가 신청을 받았습니다. 우리는 네 커플 또는 여덟 명의 싱글을 한 그룹으로 편성해, '적어도 네 번 이상 함께 식사하기'라는 미션을 주었습니다. 외식을 하든 각자의 집에서 하든 장소는 그들의 선택에 맡겼습니다. 서로를 알아가는 것 외에는 다른 어떤 임무나 과제도 주지 않았습니다.

나와 아내 린은 매주 남편 없이 홀로 교회에 출석하는 몇 명의 기혼여성과 같은 그룹에 편성되었습니다. 어떻게 했는지 이들은 남편을 식사 자리에 오게 하는 데 성공했는데, 이는 아내들이 얼마나 남편들을 설득해 낼 능력이 있는지를 잘 보여줍니다.

그런 상황에서 첫 만찬이 어떻게 진행될지는 아무도 알 수 없었습니다. 그러나 모두가 놀랄 정도로 그 만찬은 대성공이었습니다. 우리는 정한 시간이 훌쩍 지나도록 웃고 이런저런 이야기를 나누었는데, 이것이 정기적인 만남의 시작이 되었습니다. 우리 그룹은 두세 달에 한 번씩 오직 저녁 식사를 함께하기 위해 만났습니다. 시간이 지나면서 한 커플은 가족 사정으로 계속 참여하지 못하게 되었지만, 나머지 사람들은 수년간 만남을 지속했습니다.

나는 두 명의 남성을 알아 가며 그들이 꽤 괜찮은 사람들인 것을 알게 되었습니다. 한 명은 매우 재밌었고, 다른 한 명은 사람들의 말을 매우 잘 들어 주었습니다. 그들은 좋은 남편이었고, 열심히 일했으며, 교회에 완강하게 반대했습니다. 그래서 그들이 아주 드물게 먼저 말을 꺼낼 때 외에는 식사하면서 교회나 신앙이나 하나님을 주제로는 전혀 이야기를 나누지 않았습니다.

우리가 함께 식사하는 것을 마칠 무렵에도 그들은 여전히 교회를 탐탁지 않게 여겼습니다. 하지만 우리는 친구가 되었습니다. 그리고 시간이 조금 흐른 뒤, 그 둘 모두는 그리스도를 영접했습니다. 현재 그들은 각각 소그룹 모임에 참여하고, 매일 믿음 안에서 성장하기 위해 개인적으로 공부하며, 교회와 지역을 섬기는 일에 적극적입니다. 그중 한 명은 자신이 사는 지역의 노숙자 쉼터에서 34주간의 집중 성경공부 과정을 진행하고 싶어 합니다. 그들의 변화는 정말이지 놀랍습니다.

의심의 여지 없이 하나님께서는 그들의 아내들에게 무거운 영적인 짐을 지게 하셨습니다. 아내들의 조용한 증거와 신실한 기도가 남편의 변화를 가능케 했습니다. 하지만 하나님께서 그 2년간의 식사를 통해 변화를 촉발시키신 것 역시 사실입니다. 그들이 항상 바라 왔지만 가능하리라고는 생각하지 않았던 그 사랑을 이제는 받아들일 수 있을 만큼 그들의 굳어 있던 마음이 서서히 녹아 내린 것입니다.

너무나 많은 경우 우리는 짧은 시간 안에 우리가 믿는 신앙을 말로 진술하는 일에 전도의 초점을 맞추곤 합니다. 그리고 가능한 한 복음을 가장 명확하게 진술한 후에는, 사람들이 그것을 듣고 즉시 반응을 보이기를 바랍니다. 그러나 사실 기독교 신앙의 핵심 메시지는 서로 주의 깊게 주고받는 대화를 통해 설명되고, 모범이 제시되며, 입증되고, 의문이 해결되는 과정을 필요로 합니다. 기독교 신앙의 퍼즐들이 서로 맞추어지는 데는 시간이 걸립니다. 마치 고급스러운 음식을 요리할 때처럼 서두르지 말아야 합니다. 복음을 나누려면 가까이 다가가 한동안 함께 머물러야 합니다. 기독교는 배우는 것이 아닌 전염되는 것입니다. 관계를 통해 믿음을 나누는 것이 사람에게 그토록 심오한 변화를 일으킬 수 있는 것은 바로 그것 때문입니다. 사람들이 바라는 것도 바로 그와 같은 대화에 초대받는 것입니다.

웨슬리는 다른 모든 특징 중에서도 특히 대화를 잘 나눈 사람으로 널리 알려져 있습니다. 알렉산더 포프(Alexander Pope)는 그에 대해 이렇게 적었습니다. "나는 존 웨슬리와 만나고 싶지 않다. 그는 대화로 사람의 넋을 빼놓고는, 한 노파와 이야기를 나누어야 한다면서 갑자기 자리를 떠버린다."

웨슬리는 개인적인 대화를 자신의 사역의 매우 중요한 일부로 여겼습니다. 편지를 통해서도 많은 대화가 이루어졌습니다. 지금까지 웨슬리의 편지가 2,600통이 넘게 수집된 것은 그 때문입니다. 그는 성령께서 개인적인 관계를 통해 더 깊이 역사하신다는 것을 자주 경험했기에, 일지에 다음과 같이 기록했습니다. "우리가 아무리 설교를 해도, 대부분의 사람은 마치 복음을 한 번도 들어 보지 못한 것처럼 거의 아무것도 알지 못한다. … 나는 많은 경험을 통해, 어떤 사람은 10년간의 공적인 설교보다 1시간 동안 친밀하게 대화를 나누는 것에서 더 많은 것을 배운다는 사실을 알게 되었다."[17]

나 역시 웨슬리가 말한 것 같은 경험을 셀 수 없이 많이 했습니다. 가장 최근에는 내가 빌(가명)이라고 부르는 사람이 그러했습니다. 70대 후반의 온화한 사람인 빌은 최근 불치병 진단을 받았습니다. 그는 가족 문제로 나와 대화를 나누고 싶어 했습니다. 그 주제로 대화를 나누고 그의 건강 상태에 대해서도 이야기를 나눈 뒤, 나는 그의 아들에 대해 물어보았습니다. 나는 이렇게 말했습니다. "빌, 나는 당신의 아들이 더 의식적으로 하나님과 관계를 맺도록 돕고 싶습니다."

그러자 그는 즉시 말했습니다. "그건 내가 바라는 거예요!"

나는 그의 말에 당황했습니다. 빌은 평생 교회의 신실한 일원이었기 때문입니다. 나는 그가 그리스도를 자신의 삶에 초대한 적이 있는지 물었습니다.

그가 대답했습니다. "아니요. 나는 그것에 대해 별 생각 없이 살아왔습니다. 항상 옳은 일을 하고 좋은 사람이 되려고는 노력해 왔지만, 하나님과 개인적인 관계를 가졌던 적은 한 번도 없었습니다. 하나님을 사랑하고, 또 그분께 내 사랑을 보여 드리려고 노력해 왔습니다. 나는 하나님이 나를 사랑하신다고 생각해요. 단지 그런 관계를 가져 본 적이 없을 뿐입니다."

---

17   같은 책, 19-20.

"그런 관계를 갖고 싶습니까?"라고 묻자, 그는 "그럼요!"라고 대답했습니다.

다음 몇 분간, 70년 이상 설교를 들으며, 평생 옳은 일을 하기 위해 노력해 온 이 귀한 분이 머리를 숙여 기도했습니다. 그는 자신의 입으로 예수님께서 자기 스스로는 할 수 없었던 그 일을 해주시기를 구하며 그분을 초청했습니다. 기도를 마쳤을 때 그는 마침내 자신이 사랑받고 있다는 것을 느끼게 되었습니다. 빌의 얼굴에 나타난 기쁨과 그가 구세주 안에서 갖게 된 확신은 그 후 그를 만날 때마다 더 확고해졌습니다. 그는 내게 큰 깨달음을 주었습니다.

우리는 교회에 다니지 않는 우리의 친구들과 가족들도 이해할 수 있는 언어로 기독교 신앙을 통역해 낼 수 있습니다. 우리의 친절한 행동은 영적인 것을 대하는 그들의 마음을 누그러뜨릴 수 있습니다. 그 후 우리가 그들을 대화로 초대해 그들이 이해할 수 있는 언어를 사용한다면, 나머지 일은 예수님께서 하실 것입니다.

기도

주님, 사람들이 이해할 수 있는 방식으로 그들과 대화하는 방법을 제게 가르쳐 주시고, 사람의 인생을 바꾸는 대화의 기회를 열어 주세요.

주의 말씀을 내 마음에 두었나이다

"많은 사람들이 [예수님의 말씀을] 즐겁게 듣더라" (막 12:37).

4장 마음을 읽으라

"성전으로 걸어 들어가자마자 전에는 한 번도 느껴 본 적이 없는 감정이 나를 덮쳤습니다. 이곳이 바로 내 집이라고 느꼈습니다. 찬양이 시작되자 온몸에 소름이 돋았고, 그것은 예배가 끝날 때까지 계속되었습니다. 교회에서 이런 느낌을 경험한 것은 처음이었습니다."

- 쉐리, 32세

그 일은 조만간 일어날 수밖에 없었습니다. 앞에서 말한 우리의 친구, 조와 샐리라는 굿피플을 기억하시나요? 그들은 곧 인생의 굴곡을 만나게 됩니다. 막내아들이 생명이 위태로울 정도의 기이한 사고를 당한 것입니다. 다행히 아들은 회복되었지만, 이 사건은 온 가족을 완전히 뒤흔들어 놓았습니다. 하루는 축구 경기를 보러 가던 샐리가 조용히 말했습니다. "이번 일요일에는 우리가 교회에 가보는 게 좋을 것 같아." 조는 별로 내키지 않았지만, 그 사고가 자신들에게 얼마나 큰 두려움과 해결되지 않는 질문들을 안겨 주었는지를 떠올리며 동의할 수밖에 없었습니다.

일요일이 되자 그들은 집 근처의 한 교회로 갔습니다. 안으로 들어가 본당으로 걸어가는데 정장과 넥타이 차림의 어떤 남성이 미소를 지으며 한 뭉치의 종이가 든 접힌 종이 한 장을 건네주었습니다. 본당은 절반 정도 차 있었는데 교인 대다수가 노인층이었습니다. 오르간이 조용하게 연주되고 있었고 조명은 어두운 편이었습니다. 조마저도 마음이 진정된다는 것을 인정할 수밖에 없었습니다.

예배가 시작되자 교인들을 위한 여러 모임과 행사 광고가 있었습니다. 찬송 시간은 매우 어색했습니다. 그 가족은 한 번도 찬송가를 불러 본 적이 없었기 때문입니다. 어느 시점에는 생기 넘치는 성가대가 1800년대 후반의 아름다운 곡을 불렀습니다. 목사님의 설교는 유익하고 잘 전달되었지만, 조와 샐리는 그것에 대해 어떻게 해야 할지 알지 못했습니다. 예배가 끝나고 교인 대부분이 친한 사람들과 대화를 나누는 동안, 몇몇 사람은 그들에게 가볍게 인사를 건네고 미소도 지어 주었습니다. 오전 내내 참 좋은 경험이었습니다. 단지 자신들에게는 잘 안 맞는다고 느꼈을 뿐입니다. 그들은 그 교회에 다시 가지는 않았습니다.

한 달쯤 지난 후, 조의 직장 친구 중 한 명이 자신이 교회 밴드에서 연주한다는 말을 했습니다. 조는 어리둥절해서 "밴드에서 연주한다는 게 무슨 말이야?" 하고 물었습니다. 친구는 자기 교회는 록이나 팝 스타일 음악을 많이 사용해, 한 달에 두 번은 주일 예배 시간에 자신이 베이스 기타를 친다고 말했습니다. 이 말이 조의 관심을 끌었습니다. 옛 추억을 떠올리며 조는 천천히 말을 꺼냈습니다. "실은 나도 우리집 첫째가 태어나기 전까지는 몇 년 동안 밴드에서 드럼을 쳤어." 친구가 말했습니다. "한번 와서 어떤지 볼래?"

몇 주 후 그는 그렇게 했습니다. 조와 그 가족이 차로 25분 정도 운전해 교회 주차장에 내리자마자 주황색 조끼를 입은 주차 안내부원들이 미소로 그들을 환영해 주었습니다. 그들이 교회 정문으로 들어가자 거기서도 문을 열어 주면서 따뜻하게 환영해 주는 사람들이 있었습니다. 실내에서 예배실에 들어서자 편한 옷차림의 한 젊은 여성이 무엇인가가 적힌 반쪽짜리 종이를 주면서 "오늘 예배에 오신 것을 정말 환영해요"라며 밝게 인사했습니다.

그때는 이미 밴드가 연주를 하고 있었고, 사람들은 일어서서 음악에 맞춰 몸을 움직이고 있었습니다. 젊은 사람들이 예배실에 가득했고, 그들은 그 에너지를 느낄 수 있었습니다. 이 가족은 현대적인 찬양을 불러 본 적이 없었기 때문에 그것들이 매우 낯설었지만 리듬은 익숙했습니다. 음악은 그들을 편안하게 해주었고, 앞쪽 큰 스크린에 띄워진 가사는 따라 부르기 쉬웠습니다. 어느 시점에선 지역사회의 변화를 소망하는 사람들이 참여 가능한 사역에 대한 짧은 영상도 보여 주었습니다. 목사님의 설교는 청중과 마치 대화하는 듯했고 중간중간 재밌는 유머가 섞여 있었습니다. 설교 도중에는 한 여성이 자신의 힘겨웠던 삶과 하나님께서 어떻게 자신의 삶에 개입해 많은 것을 변화시켜 주셨는지에 대해 매우 감동적인 이야기를 들려주었습니다. 마지막에는 다시 목사님이 그 이후의 몇 가지 실천 사항을 분명히 제시해 주었습니다.

예배가 끝난 후, 한 부부는 조와 샐리가 새로 온 것을 알고는 자신들을 소개하며 교회에 대해 궁금한 것이 있으면 무엇이든 알려 주겠다고 말했습니다. 그리고 교회에 방문해 준 것에 고마워하면서 더 대화를 나누고 싶을 경우 연락할 수 있는 이메일 주소를 적어 주었습니다. 그날 경험한 일 전체는 조와 샐리가 기대한 것보다 훨씬 나았습니다. 차에 오르자 조는 샐리를 쳐다보며 이렇게 말했습니다. "난 오늘 예배 전체가 특별히 우리를 위해 준비된 것 같았어. 꼭 그렇진 않겠지만, 그렇게 느꼈어."

교회에 다니지 않는 많은 사람에게 다가가려면 그들의 문화적 감수성에 초점을 맞추어야 합니다. 특히 음악에 주의를 기울여야 합니다. 이것이 웨슬리가 믿음을 전할 때 사용한 다음 단계입니다. 우리가 지금까지 살펴본 내용을 떠올려 봅시다.

> 첫째, 자신과 하나님에게서 멀리 있는 사람들의 마음의 변화를 위해 기도하라.
>
> 둘째, 사람들이 있는 곳으로 가라. 그들이 있는 장소로 찾아가 그들이 편안해하는 방식으로 만남을 가지라.
>
> 셋째, 그들의 언어로 말하기를 배우고, 삶을 변화시키는 예수님과의 관계에 대해 대화하라.

그다음 네 번째 단계는 그들의 마음을 만지는 예배 음악을 제공하는 것입니다. 이 단계에 진지하게 헌신하려면 다음 질문에 답해 보아야 합니다. '교회에 다니지 않는 사람들은 그리스도인이 되기 위해 먼저 우리와 같아져야 하는가?' 다시 말해, '우리의 신앙을 받아들이려면 먼저 우리의 문화를 받아들여야 하는가?' 하는 것입니다. 사실 이 논쟁은 이제 막 시작된 초기 교회를 거의 좌초시킬 뻔하기도 했습니다.

최초의 교회는, 본래 유대인이었으나 이후 그리스도인이 되어 예수 그리스도를 메시아로 경배한 사람들로 이루어져 있었습니다. 예루살렘에 생겨난 이 새로운 신자들의 공동체에는 놀라운 능력과 하나 됨과 관대함이 넘쳤고, 그리스도께로 삶을 돌이키는 사람은 날마다 늘어났습니다.[1] 때때로 일부 이방인들도 그리스도인이 되었습니다. 처음에는 그 수가 별로 많지 않았기 때문에 그들은 단지 유대인 신자들의 관습과 문화에 적응했습니다. 즉, 유대인들의 율법을 지키고, 정결한 음식을 먹으며, 남성들은 하나님께서 유대인들과 맺으신 언약의 증표인 할례까지 받았습니다.[2]

그러던 중 박해가 일어나 예루살렘에 있던 신자들이 유대 주변과 더 먼 곳으로 흩어지자, 전보다 훨씬 많은 이방인이 복음을 듣고 그리스도의 제자가 되었습니다. 선교 현장에서 이루어진 일들은 더더욱 이러한 변화를 가속화했습니다. 베드로와 바울은 하나님께서 유대인들처럼 이방인들에게도 성령의 선물을 주시는 것을 보고 놀랐습니다.[3] 놀랍게도 하나님께서는 누구도 편애하지 않으셨고, 신앙은 유대교의 한계를 벗어나 급속도로 퍼져나갔습니다.

많은 이방인이 유대교의 율법과 관습을 따르지 않고도 그리스도의 제자가 되고 있다는 소식은 유대에 사는 일부 유대인 신자들을 격분시켰습니다. 예수님은 유대인이셨으며, 유대교의 율법과 예언을 성취하셨고, 유대인들의 메시아였습니다. 이런 생각을 지닌 '유대주의자'들은 이방인이 그리스

---

1 행 2:47.
2 Hunter, *The Recovery of a Contagious Methodist Movement*, 38.
3 행 10:44-45.

도인이 되려면 먼저 유대인이 되어야 한다고 강경하게 주장했습니다.[4] 그들은 그것이 이치에 맞다고 생각했습니다.

긴장이 고조되자 예루살렘 교회의 지도자였던 야고보는 사람들의 의견을 모으기 위해 회의를 열었습니다. 교회 지도자들이 예루살렘에 모이자, 베드로는 하나님께서 지금까지 어떻게 역사해 오셨는지를 전하면서, 유대인도 온전히 감당하기 힘든 무거운 짐을 이방인들에게 지워서는 안 된다고 강조했습니다. 구원은 율법을 지키는 것이 아닌, 하나님께서 예수 그리스도 안에서 아무런 공로 없는 자에게 베푸시는 사랑을 수용함으로 얻는 것이기 때문입니다.[5] 바울은 모든 민족에게 한 가지 문화를 강요하려는 태도를 강하게 비판했습니다. 예수님은 한 민족이 아닌 온 세상을 구원하기 위해 오셨기 때문입니다.

결국 교회 지도자들은 베드로와 바울의 말을 따르기로 결정했고, 기독교 신앙은 모든 문화와 모든 사람을 위한 것이 되었습니다. 그 한 가지 결정이 애매한 유대교 분파에서 전 세계적인 하나님의 운동으로 기독교의 궤적을 바꾸어 놓았습니다.

이 과정을 통해 초기의 교회는, 사람들이 자신의 고유한 문화를 통해 복음이 전해질 때 가장 잘 받아들인다는 놀라운 사실을 발견했습니다. 이제 우리는 그것을 '선교의 상황화 원리'라고 부르는데, 교회가 그 원리를 실천할 때마다 기독교 신앙은 결코 도달하지 못했던 사람들과 집단에까지 널

---

4 Hunter, *The Recovery of a Contagious Methodist Movement*, 38.
5 행 15:10-11.

리 확산되었습니다.

어떤 사람들은 예루살렘 회의가 이 문제를 완전히 해결했다고 생각할지도 모릅니다. 누구도 기독교 신앙을 받아들이기 위한 조건으로 반드시 다른 문화를 먼저 수용해야 하는 것은 아니라는 원리가 예루살렘 회의를 통해 확고히 확립되었다고 생각하는 것입니다. 그러나 유대주의자들은 모든 시대에 존재해 왔습니다. 그것이 인간의 본성이기 때문입니다. 우리는 자신에게 익숙한 것, 과거에 효과적이었던 방식, 우리가 복음을 받아들일 당시에 하나님께서 사용하신 방식을 고집하면서, 그것이 여전히 모든 사람에게 통할 것이라고 생각하기 쉽습니다. 하지만 그렇지 않습니다. 문화가 바뀌었습니다. 세대가 바뀌었습니다. 사회적 계약이 과거와는 달라졌습니다. 비록 하나님의 말씀은 바뀌지 않았으나, 우리 주변의 세상은 초고속으로 바뀌고 있습니다. 교회에 다니지 않는 사람들의 마음을 읽고자 한다면, 우리는 새로운 현실에 지속적으로 적응해 나가야 합니다. 이는 특히 예배의 형태를 결정하는 문제에서 매우 중요합니다.

참된 그리스도인

목숨이 위태로울 때 우리는 본능적으로 참호를 구축합니다. 그리스도인의 경우 제1차 방어선은 주로 예배의 형식이 됩니다. 우리는 "참된 그리스도인이 된다는 것은 이런 거야. 우리가 가진 신앙을 가지려면 먼저 우리의 방식을 따라야 해"라며 못 박아 말합니다. 물론 우리가 악의적으로나 의도적으로 그렇게 한다는 것은 아닙니다. 단지 우리는 세월이 흘러 우리에게 익숙해졌을 뿐인 예배의 방식을 '정상적'이라고 생각한다는 것입니다. 또 우리 자신이 정상적이라고 규정한 것에 한번 생각이 고착되면, 자신의 개인적 호불호가 마치 보편적 진리인 양 착각하기 쉽습니다. 이런 일은 특히 음악적 취향과 관련해 나타납니다.

어느 주말 한 나이 많은 농부가 도시에 있는 큰 교회에 갔습니다. 그가 돌아오자 그의 아내가 예배가 어땠는지 물어보았습니다.

농부는 "음, 좋았어. 그런데 뭔가 좀 색달랐어. 그들은 찬송가 대신 워십 찬양이란 걸 부르더군."

그러자 아내가 물었습니다. "워십 찬양? 그게 뭐예요?"

농부가 대답했습니다. "뭐, 크게 다르진 않아. 찬송가랑 비슷한데, 뭔가 살짝 다를 뿐이야."

그의 아내가 다시 물었습니다. "그 살짝 다르다는 게 어떤 건데요?"

농부가 대답했습니다. "이런 식이지. 만약 내가 당신에게 '마르다, 옥수수밭에 소들이 있네'라고 말하면 그건 찬송가야."

"그런데 만약 '마르다, 마르다, 오, 마르다, 옥수수밭, 이 옥수수밭, 바로 이 옥수수밭에 큰 소, 갈색 소, 검은 소, 흰 소가 있네' 하고 같은 가사를 여러 번 반복해 부르면 그게 워십 찬양이 되는 거지."

우연히 같은 날, 도시에 살면서 현대식 예배를 드리는 교회에 다니는 한 젊은 사업가가 그 농부의 마을에 볼일이 있어 들렀다 농부가 다니는 작은 교회를 방문하게 되었습니다.

집에 돌아오자 그의 아내가 어땠는지 물어보았습니다. 젊은 남성이 대답했습니다. "음, 좋았어. 그런데 뭔가 좀 색달랐어. 그분들은 일반적인 찬양을 부르지 않고 옛날 찬송가만 부르시더군."

그의 아내가 물었습니다. "찬송가요? 그게 뭐예요?"

젊은 남성이 대답했습니다. "뭐, 크게 다르진 않아. 일반적인 찬양이랑 비슷한데, 뭔가 살짝 달랐어."

그의 아내가 다시 물었습니다. "그 차이가 뭔가요?"

젊은 남성이 말했습니다. "말하자면 이런 거야. 내가 만약 당신에게 '마르다, 옥수수밭에 소들이 있어'라고 말한다면, 그건 일반적인 찬양이야. 그런데 찬송가는 이런 식이더군.

> 오, 마르다, 사랑스러운 마르다, 내 말을 들어 주오.
> 의롭고 비할 바 없이 영광스러운 진리에 귀 기울여 주오.
> 무지한 소들이 살아가는 방식을 누가 설명할 수 있겠소.
> 하나님의 태양과 비를 받을 때는 그분을 따르다가도
> 울타리 너머 달콤한 옥수수의 유혹을 받으니
> 어둠과 밤의 부추김에 반항의 기쁨으로 족쇄를 끊고
> 나의 칠리와 옥수수를 모두 망쳐 놓았소.
> 이 땅의 모든 부패한 것이 새로워질 그날을 바라봅시다.
> 저 괘씸한 소들이 옥수수밭에서 사라질 그날을.

그런 다음 가사의 1절만이 아니라 3절, 4절까지 부르고, 마지막 절은 한 음을 높여 부르면 찬송가인 거지."[6]

---

6 David Packer, "The Cows Are in the Corn," *Night Time Thoughts* (blog), 2015년 7월 7일에 접속함, 2015, http://nighttimethoughts.org/?p=1673. 데이비드 패커(David Packer)는 이 유머를 현대적 찬양 버전으로 패러디했다. 그레이엄 니켈(Graham Nickel)은 2012년 4월 15일 (8시 49분)에 그 블로그 글에 댓글로 옛 찬송가 버전을 작성했다. 두 사람의 허락을 받아 인용했음을 밝힌다.

시골의 늙은 농부와 도시의 젊은 사업가 모두 자신이 드리던 예배 방식이 '정상적'이라고 생각한 것에 주목해 보십시오. 두 경우 모두 핵심 메시지는 '마르다, 옥수수밭에 소들이 있어'입니다. 그러나 그들은 같은 메시지를 달리 표현한 것에 매우 낯설어합니다. 그렇다면 둘 중 하나가 잘못되었기 때문일까요? 물론 아닙니다. 둘 모두는 단지 각각의 문화에 맞게 잘 각색되었을 뿐입니다. 이럴 때 우리가 초점을 맞추어야 할 것은 '어떻게 해야 참된 그리스도인인가?'가 아니라 '우리가 다가가고자 하는 사람들이 누구인가?'여야 합니다.

신앙의 상황화

모든 예배는 특정한 대상에게 다가가기 위한 목적으로 계획됩니다. 매우 안타까운 것은 대부분의 경우 그 계획에는 교회에 다니지 않는 사람들이 무심코 배제되어 있다는 점입니다. 예배의 형식은 문화가 지금과 상당히 달랐던 오래전에 만들어진 것을 그저 답습할 수도 있고, 그렇지 않으면 그 교회에 지금 출석하고 있는 사람들이 선호하는 방식을 반영할 수도 있습니다. 어떤 경우든 초점은 아직 교회 나오지 않고 있는 사람들이 아닌, 이미 그곳에 있는 사람들에게 무엇이 최선인지에 맞춥니다. 그러면서도 오늘날 교회에 다니지 않는 현대인들도 이 방식을 좋아할 것이라고 막연히 추측합니다. 에드 스테저(Ed Stetzer)와 마이크 도슨(Mike Dodson)은 이렇게 말합니다. "모든 교회는 문화와 연결되어 있습니다. 하지만 우리가 정말 질문해 보아야 할 것은, 교회가 현재 지역사회에 유행하는 문화에 더 가까운가 아니면

몇 세대 전에 이미 사라진 문화와 더 가까운가 하는 것입니다."[7]

교회에 다니지 않던 사람이 아주 오랫동안 교회에 다닌 사람들을 위해 계획된 예배 형식을 그대로 받아들여야 하는 상황은, 마치 1세기의 이방인들에게 그리스도인이 되려면 먼저 유대인같이 되어야 한다며 강요했던 과거의 실수를 답습하는 것과 같습니다. 그런 방식으로는 가끔은 성공하더라도, 현재의 문화에 익숙한 대다수의 사람은 놓치게 될 것입니다. 그렇다면 신앙 공동체나 교회는 예배를 계획할 때 어떻게 하면 교회에 다니지 않는 포스트모던 시대의 사람들을 중요하게 고려할 수 있을까요? 그들의 마음에 귀를 기울이는 것입니다.

내 친구 로렌은 신앙에 대해 이야기하는 것을 불편해했습니다. 그 주제가 대화에서 나오면 그녀는 화제를 바꾸곤 했습니다. 어느 날 나는 그녀에게 한가할 때 지역의 기독교 음악 방송을 한번 들어 보라고 제안했습니다. 기독교 음악의 가사를 다 믿을 필요는 없지만, 적어도 거기에 담긴 메시지는 어두운 소식이 끊이지 않는 세상에서 긍정적인 생각을 갖는 데 도움을 줄 것이라고 말해 주었습니다. 그런다고 나쁠 것은 없겠다고 생각한 그녀는 그 방송을 들어 보았습니다. 그리고 운전하거나 집안일을 할 때 배경음악처럼 틀어 놓았습니다. 얼마 지나지 않아 그녀는 가사를 다 이해하지는 못하지만 음악은 마음에 든다고 말했습니다. 그런데 시간이 지나면서 그녀의 마음이 조금씩 열리기 시작했습니다. 신앙적인 대화에도 조금씩 참여했

---

7 Ed Stetzer and Mike Dodson, *Comeback Churches* (Nashville: B&H, 2007), 65 [에드 스태저, 마이크 도슨, 『다시 부흥한 324 교회 성장 리포트』, 김광석 역 (서울: 요단출판사, 2010)].

습니다. 1년 정도 후에 로렌은 그리스도인이 되었습니다.

음악은 사람의 마음을 여는 가장 손쉬운 방법 중 하나입니다. 그것은 종종 이성을 관장하는 전두엽을 지나쳐, 인간 내면의 민감한 욕구를 건드립니다. 그래서 평안함이나 흥분을 경험하게 하기도 하고, 영감이나 용기를 불러일으키기도 합니다. 음악은 우리의 저항감을 낮추어 삶을 변화시키는 메시지를 더 잘 받아들일 수 있게 해줍니다. 신앙에 대한 거부감은 내 친구 로렌의 이야기만은 아닙니다. 수천만 명의 사람이 그녀와 비슷합니다. 그렇다면 우리는 음악이 지닌 이 강력한 힘을 예배에 활용해 비그리스도인들을 그리스도께 대한 신앙으로 인도할 수 있을까요?

우리는 교회에 다니든 아니든 누군가가 '우리의 음악'을 들려주면 우리 속에 있는 무언가가 살아나는 것을 느낍니다. 88세인 나의 한 이웃은 독실한 루터교 신자입니다. 평생 교회에 다닌 그는 위대한 신앙 찬송가 부르는 것을 정말 좋아합니다. 그러나 차만 타면 이분은 글렌 밀러(Glen Miller) 밴드의 CD를 켜고는 발을 움직이며 박자를 맞춥니다. 그분께는 그것이 마음의 언어인 것입니다. 만약 그가 한 번도 교회에 가본 적이 없다면, 그분의 영혼과 소통하는 가장 좋은 방법은 <내 주는 강한 성이요>가 아닌 빅 밴드 뮤직의 경쾌한 선율을 통해서일 것입니다.

당신이 영혼으로 소통하는 음악은 무엇인가요? 그것은 주로 성인이 되었을 때 유행했거나, 가장 자주 정기적으로 들었던 음악일 수 있습니다. 만약 당신이 전통적인 예배 환경에서 많은 시간을 보냈고, 그것이 가족과 친구들에 대한 따뜻한 추억을 떠올리게 한다면, 당신은 전통적인 교회 음악을 통해 하나님과 더 가까워질 가능성이 많습니다. 그것은 차에서까지 찾아서 듣는 음악은 아니더라도, 당신의 영혼에 위로가 될 것입니다. 그러나 교회와 관계가 없었던 비기독교인들은 당연히 그런 취향을 가져 볼 기회가 없었습니다. 존 웨슬리는 300년 전에 이 사실을 깨닫고 난 후 예배 음악에 대해 과거와는 전혀 다른 태도를 취했습니다.

18세기 영국은 비록 기독교 국가임에도 교회는 영국 대중을 잃은 지 오래였습니다. 교회는 일반 대중의 삶과는 너무나 동떨어져 있었습니다. 교회에서의 복장이나 예배의 언어, 형식, 음악 모두는 '일반 대중'이 아닌 사회의 상류층만을 고려한 것이었습니다.

영국 국교회 목사였던 존 웨슬리는 사실상 이미 확립되어 있던 그런 문화의 일부였습니다. 그는 고교회적 예배 의식이나 고대의 찬송, 공식적인 기도문을 매우 좋아했습니다. 그러나 그의 마음을 뜨거워지게 만든 올더스게이트 체험과 오직 믿음으로 구원을 얻는다는 그의 메시지는, 대부분의 영국 국교회 목사가 웨슬리를 강단 설교에서 배척하게 되는 결과를 초래했습니다. 웨슬리는 이에 굴하지 않고 곧바로 사람들에게 다가갔습니다. 그는 킹스우드와 다른 곳에서 대중을 향해 야외에서 설교했고, 이내 그의 설교를 듣는 대다수의 '배우지 못한' 청중에게도 그들의 마음을 만지는 음악이 필요함을 깨달았습니다. 그래서 그는 재능 있는 시인이었던 동생 찰스에게 도움을 요청했습니다.

찰스 웨슬리는 비록 음악가가 아니었고 한 번도 작곡을 해본 적이 없긴 했으나, 의도적으로 당시에 유행하던 곡들에 자신이 쓴 찬양시를 가사로

붙였습니다.[8] 대부분의 경우 그 곡들은 당시 가장 현대적인 작곡가들이 썼기에 분명 영국의 펍(술과 음식을 함께 파는 대중적 술집-역주)들에서 곧잘 불렸을 것입니다. 찰스가 당시의 '탑 40' 안에 드는 인기 있는 곡들에 복음적 가사를 붙이자, 그 찬송은 전과 비교할 수 없을 정도로 교회에 다니지 않던 사람들의 마음을 사로잡았습니다. 그들은 난생처음 그리스도인이 되기 위해 자신에게 맞지 않는 다른 누군가가 되지 않아도 되었던 것입니다. 그들에게는 그것이 교회였습니다. 찰스는 그들의 마음의 언어에 귀를 기울였고, 영국 국교회의 돌봄을 받지 못했던 많은 사람이 그가 만든 곡에서 영혼의 안식을 얻었습니다.

우리 시대 역시 교회는 자신과는 다른 특정한 이들을 위한 것이라고 느끼는 사람으로 가득합니다. 조지 바나(George Barna)와 데이비드 키네먼(David Kinnaman)은 함께 저술한 『처치리스』(Churchless, 터치북스)에서, 6천 명 이상의 교회 다니지 않는 성인 남녀를 포함해 미국 전역에서 20,500명이 넘는 사람을 인터뷰한 내용을 토대로 진행한 최근의 연구 결과를 나눕니다. 이 연구 자료는 걱정스러운 동향을 잘 보여 줍니다. 곧 "세대가 젊으면 젊을수록 더 비기독교적 특성을 지닌다"[9]는 것입니다. 미국 사회의 새로운 세대들은 이전 세대에 비해 점점 더 그리스도인의 정체성, 믿음, 실천에서 멀어지고 있습니다. 대부분의 사람은 그런 흐름 자체에는 별로 놀라

---

8   Heitzenrater, *Wesley and the People Called Methodists*, 259.
9   George Barna and David Kinnaman, eds., *Churchless: Understanding Today's Unchurched and How to Connect with Them* (Carol Stream, IL: Tyndale, 2014), 16-17 [조지 바나, 데이비드 키네먼, 『처치리스』, 장택수 역 (서울: 터치북스, 2015)].

지 않습니다. 그러나 그런 사람들의 비율이 얼마나 빨리 늘고 있는지를 듣는 순간 충격을 받습니다.

- 노년층 (1945년 이전 출생) – 28퍼센트가 비기독교인
- 베이비붐 세대 (1946~1964년 출생) – 35퍼센트가 비기독교인
- X세대 (1965~1983년 출생) – 40퍼센트가 비기독교인
- 모자이크 세대 (1984~2002년 출생) – 48퍼센트가 비기독교인[10]

이 소중한 사람들을 예수 그리스도의 용서와 사랑으로 인도하는 최선의 방법은 무엇일까요? 웨슬리의 방법을 따르십시오. 그들을 위해 기도하고, 그들이 있는 곳으로 가서 그들이 편하게 여기는 방식으로 만나며, 그들의 언어로 소통하기를 배우고, 그들의 마음에 초점을 맞춘 예배 형식을 만드십시오.

예수님은 제자들에게 "그러므로 너희는 가서 모든 민족을 제자로 삼으라"[11]라고 말씀하셨습니다. '모든 민족'은 부자, 가난한 자, 젊은 사람, 나이 많은 사람, 히스패닉계 사람, 아시아 사람, 초콜릿을 좋아하는 사람, (매우 소수의) 초콜릿을 싫어하는 사람 등 '모든 그룹의 사람'을 말합니다. 요즘에는 많은 그리스도의 제자가 교회를 떠나 있는 '민족'을 찾아 나서고 있습니다.

미국 중서부 시골 지역과, 서부 및 남서부 목장 지역에서는 특별한 사

---

10   같은 책, 12.
11   마 28:19.

명을 지닌 교회들이 새롭게 생겨나고 있습니다. 그들의 사명은 시골 생활을 하는 사람들에게 다가가는 것입니다. 그런 교회 중 하나인 '카우보이 교회'는 청바지를 입고 부츠를 신고 카우보이 모자를 쓴 사람들이 자신들의 마음의 언어인 컨트리풍의 서부적인 느낌 그대로 하나님을 예배하도록 초대합니다.

미니애폴리스의 도심 지역에 있는 한 교회는 마약과 갱단 생활을 극복해 보려는 바람을 가지고 있는 젊은 사람들에게 다가가기 위해 힙합을 활용합니다.

호주에 있는 힐송 처치(Hillsong Church)는 여러 해 동안 차트 1위에 오른 찬양곡들을 만들어 새로운 세대를 그리스도께로 인도하고 있습니다. 시드니에 있는 이 대형 교회는 이제 세계 곳곳의 주요 도시에 교회들을 세우고 있습니다. 이들은 '록 콘서트' 예배 형식을 사용해 수만 명의 젊은 도시인에게 다가가고 있습니다. 바르셀로나, 베를린, 케이프타운, 키예프, 런던, 로스앤젤레스, 파리, 스톡홀름, 그외 전세계의 주요 지역에 힐송 처치가 있습니다.[12]

노스 샌디에이고 카운티에 위치한 노스 코스트 처치(North Coast Church)는 이러한 신앙의 상황화 원리를 완전히 다른 차원으로 끌어올립니다. 1990년대 미국 최초의 멀티사이트 교회로서, 그들은 다양한 장소에서 복합적인 방식의 예배를 드렸습니다. 지금은 여러 예배 처소를 가진 교회가 많아졌

---

12 Michael Paulson, "Megachurch with a Beat Lures a Young Flock," *New York Times*, September 9, 2014, http://www.nytimes.com/2014/09/10/us/hillsong-megachurch-with-a-beat-lures-a-young-flock.html?_r=1.

음에도, 노스 코스트 처치는 그 다양성이 독보적입니다. 그들은 매주 캘리포니아 비스타(Vista)에서 9개의 서로 다른 예배 형식으로 총 19회의 예배를 드립니다.

그들의 웹사이트 'northcoastchurch.com'에 가보면 "당신에게 가장 맞는 예배와 형식을 선택"할 수 있게 되어 있습니다. 마치 여러 시간대에 다양한 영화를 상영하는 복합상영관 같습니다. 노스 코스트 처치의 예배 음악 형식은, "전통적인 찬송가와 합창에서부터 현대식 찬양에 이르기까지, 컨트리 가스펠 블루그래스(bluegrass)에서부터 전기 기타와 고출력의 파워풀한 반주를 곁들인 최신식의 '디 엣지'(THE EDGE)에 이르기까지 다양합니다." 또 "그루브를 지향하고, 흑인 영가 감성이 가미된 가스펠 중심의 음악"과 함께 설교 후에도 묵상 음악이 이어진다고 묘사되어 있는 "소울 가스펠"(Soul Gospel)이라는 예배도 있습니다.[13] 각 예배에서 사람들은 담임목사의 동일한 설교를 직접 또는 비디오 녹화를 통해 듣지만, 각 형식의 예배는 모두 다른 그룹의 사람들을 위한 것입니다.

이것이 바로 웨슬리 형제들이 깨달은 것입니다. 많은 비기독교인을 그리스도께로 인도하는 교회들은 그들이 다가가고자 하는 그룹의 음악을 활용합니다. 그들은 복음이 사람들에게 친숙한 문화를 통해 전해질 때 가장 잘 받아들이게 된다는 것을 알았습니다. 문화는 그들의 마음의 언어기 때문입니다. 우리 교회에는 전에는 교회에 다니지 않았던 한 여성이 있는데

---

13 "Worship Options," North Coast Church, accessed June 24, 2015, http://www.northcoastchurch.com/locations/vista-campus/worship-options/.

자신의 경험을 이렇게 말합니다.

> 주일 예배는 나에게 완전한 해방과도 같아요. 나는 일주일 내내 '세상'에 매여 있어서 늘 교회 가는 날이 오기만 기다립니다. 건물에 들어서는 것만으로도 마음이 즐거워지고, 그날 듣게 될 말씀을 간절히 기대하게 됩니다. 하지만 솔직히 말하면, 다른 무엇보다 내 마음을 움직이는 것은 바로 음악입니다. 나는 항상 열정적으로 음악을 사랑해 왔는데, 주님과의 관계를 통해 음악에서 얻는 감동이 훨씬 깊어졌습니다.
>
> 나는 찬양을 하다 성령의 감동을 받아 더 이상 노래를 부를 수 없을 때가 자주 있습니다. 그럴 때면 찬양의 가사와 감사한 마음으로 가슴이 벅차, 할 수 있는 거라고는 우는 것밖에 없어요. 전에는 이런 감정을 느껴 본 적이 없었기 때문에 나는 이런 생각을 글로 적는 것이 굉장히 어려워요. 나는 그토록 나를 환영해 주고 사랑해 주는 스프링필드 제일감리교회에 고맙다는 말밖에 할 말이 없습니다. 나는 세상의 모든 돈을 준다 해도 이것과 바꾸지 않을 거예요!

웨슬리 형제는 놀라운 것을 발견했습니다. 싱글맘, 은퇴자, 중독자, 젊은 직장인, 이민 노동자 등 하나님께서 당신으로 다가가게 하시는 그룹이 어떤 그룹인가요? 그들이 어떤 음악을 자주 듣는지를 알아 내 그것을 예배에 적용하십시오. 비기독교인들이 우리의 말에 귀 기울여 주기를 바란다면, 우리가 먼저 그들의 마음에 귀 기울여야 합니다.

기도

주 예수님, 제가 사람들에게 주님의 제자가 되려면 먼저 나처럼 되어야 한다고 강요했던 것이 얼마나 잘못된 것인지를 깨달을 수 있도록 도와주세요.

주의 말씀을 내 마음에 두었나이다

"우리는 그들이 우리와 동일하게 주 예수의 은혜로 구원받는 줄을 믿노라 하니라" (행 15:11).

5장 삶을 함께하라

"성경은 은둔적 기독교를 말하지 않는다."

– 존 웨슬리

"하나님, 제가 바라는 건 딱 한 가지예요. 저는 단지 같이 다닐 수 있는 한 사람이 있으면 좋겠어요. 마법 같지 않아도 되고, 가장 친한 친구가 아니어도 좋아요. 그냥 친구면 돼요. 제발 제 눈을 열어 주셔서 그 사람이 누구인지 볼 수 있게 해주세요. 제게 좋은 친구가 되어 줄 사람을 보여주세요."

이것은 타이샤가 어느 날 아침 교회 가는 길에 드린 기도입니다. 그녀가 친구를 얼마나 간절히 바랐는지는 스스로 생각해도 놀라울 정도였습니다. 약 5년 전 그녀는 온라인에서 처음 만난 한 남자, 그녀가 평생 사랑하게 된 사람과 결혼하기 위해 미네소타주에서 일리노이주로 이사했습니다. 그들은 집을 사고 삶을 함께 꾸려 나가며 무척 행복했습니다. 그러나 무엇인가가 부족했습니다. 타이샤는 몇 개월 간 우울증에 빠졌는데, 그 상황을 도무지 이해할 수 없었습니다. 그녀는 생각했습니다. '내가 기도한 모든 것이 이루어졌으니, 나는 어떤 때보다 지금 가장 행복해야 해. 그런데 도대체 무슨 이유로 이렇게 우울한 걸까? 이렇게 공허하고 슬픈 이유가 뭐지?'

그녀와 남편은 어떤 필요를 느껴 우리 교회에 참석하기 시작했습니다. 어느 주일 타이샤는 소그룹 모임이 가진 힘과 삶을 함께할 친구가 얼마나 소중한지에 대한 설교를 들었습니다. "마치 1톤짜리 벽돌에 맞은 듯한 기분이었어요." 그녀가 말했습니다. "나는 나 자신이 움츠러드는 걸 느꼈고 눈물을 참으려 노력했어요. 바로 그것이 내가 겪고 있던 문제였어요. 내게는 이 모든 놀라운 일이 일어나고 있었는데도, 이 지역에는 나의 기쁨과 문제를 함께 나눌 사람이 없었던 것입니다. 나는 그리 익숙하지 않았던 외로움을 경험하고 있었습니다."

그녀만 이런 일을 겪는 것은 아닙니다. 미국에서 외로움에 시달리는 사람은 점점 더 많아지고 있습니다. 최근 한 설문 조사에서는 45세 이상의 성인 남녀 중 40퍼센트가 넘는 사람이 외롭다고 답했습니다. 그 비율은 1980년대에 비해 두 배나 증가한 것입니다.[1] 모순적이게도 이 내면적 고립감은 소셜 미디어의 폭발적인 성장과 동시에 증가했습니다. 예를 들어, 페이스북은 매일 전 세계 5억 명의 사람이 서로 소통할 수 있도록 연결해 줍니다. 그러나 최근 연구에 따르면, 사람들이 페이스북을 하는 시간이 더 많은 날에는 그들이 느끼는 행복지수가 더 낮아집니다.[2] 왜 그럴까요?

매사추세츠공과대학(MIT) 교수로 『외로워지는 사람들: 테크놀로지가

---

[1] Knowledge Networks and Insight Policy Research, *Loneliness among Old Adults: A National Survey of Adults 45+* (Washington, DC: AARP), http://assets.aarp.org/rgcenter/general/loneliness_2010.pdf

[2] Ethan Kross et al., "Facebook Use Predicts Declines in Subjective Well-Being in Young Adults," *PLoS ONE* 8, no. 8 (August 14, 2013), doi:10.1371/journal.pone.0069841.

인간관계를 조정한다』(*Alone Together: Why We Expect More from Technology and Less from Each Other*, 청림출판)를 저술한 셰리 터클(Sherry Turkle)은 '플러그인 라이프'(plugged-in lives)가 사람들을 어떻게 바꾸어 놓았는지에 대해 15년 이상 연구해 왔습니다. 그녀는 우리가 사용하는 모든 전자기기가 항상 소통은 하되 진정한 대화를 나누는 일은 매우 드문 세상을 가져왔다고 말합니다.

터클에 따르면, 테크놀로지 시대의 우리는 찔끔찔끔밖에 소통하지 않게 된 하나의 새로운 종족입니다. 그녀는 이렇게 말합니다. "우리는 온라인으로 찔끔찔금 소통하는 것이 모여 진정한 대화의 큰 물꼬를 트게 될 것이라고 생각하기 쉽습니다. 그러나 그렇지 않습니다. 이메일, 트위터, 페이스북 등 모든 소셜 미디어가 각자의 역할을 하겠지요. … 그러나 그런 것들이 아무리 소중해도 대화를 대신할 수는 없습니다. 찔끔찔끔 소통하는 일은 몇 가지 원하는 정보를 얻거나, '내가 당신을 생각하고 있습니다'라는 메시지를 표현하는 데는 도움이 될지 모릅니다. … 그러나 서로를 이해하고 알아가는 데는 별로 도움이 되지 않습니다."[3]

우리는 직관적으로 그것을 압니다. 나는 아직 당신을 만나보지 못했을 수 있습니다. 문자 메시지나 페이스북으로도 한 번도 소통한 적이 없을 수도 있습니다. 그럼에도 나는 당신이 가장 필요로 하는 것이 무엇인지 알고 있습니다. 그것은 나 역시 가장 필요로 하는 것이기 때문입니다. 우리가 가

---

[3] Sherry Turkle, "The Flight from Conversation," *New York Times*, April 21, 2012, http://www.nytimes.com/2012/04/22/opinion/sunday/the-flight-from-conversation.html.

장 필요로 하는 것은 이해받는 것, 곧 누군가가 우리의 있는 모습 그대로를 알고 또 수용해 주는 것입니다. 그것이 바로 우리로 계속 전자기기들을 통해 찔끔찔끔 소통하는 일에 매달리게 하는 끊임없는 갈증의 본질입니다. 우리는 혼자가 되는 것을 두려워합니다.

함께함은 우리의 DNA에 내재돼 있다

물론 이것은 새로운 사실이 아닙니다. 우리에게 관계 형성에 대한 깊은 갈망이 존재하는 이유는, 우리가 태초부터 공동체를 이루도록 창조되었기 때문입니다. 창세기 2장에 의하면 하나님께서는 인간을 창조하신 후 즉시 첫 번째 사람인 아담에게서 중요한 한 가지 사실을 보셨습니다. 그것은 아무리 많은 동물을 창조해 아담에게 데려다 주어도 그것들이 아담의 내적인 공허함을 채우지는 못한다는 것이었습니다. 비록 아담이 이름을 지어 주었어도, 동물들이 온전한 사랑의 대상이 될 수는 없었습니다.

그때까지는 하나님께서 창조하신 모든 것이 좋았습니다. 빛이 있었고, 좋았습니다. 땅이 생겨났고, 그것도 좋았습니다. 해달별도 좋았고, 식물도 좋았고, 동물도 좋았습니다. 모든 것이 좋았습니다! 그러나 하나님은 남자가 혼자 있는 모습을 보시고는 처음으로 "좋지 않다"고 말씀하셨습니다.

"여호와 하나님이 이르시되 사람이 혼자 사는 것이 좋지 아니하니 내가 그를 위하여 돕는 배필을 지으리라 하시니라."[4]

---

4   창 2:18.

외로움을 느끼는 일이 죄가 세상에 들어오기 전에도 있었다는 사실을 기억하십시오. 아담은 아름다운 동산에서 모든 필요를 공급받으며, 하나님은 물론 그분의 모든 피조물과도 완전한 조화를 이루며 살았습니다. 그럼에도 무엇인가가 부족함을 느꼈습니다. 함께하는 다른 사람이 없었기에 온전한 인간성을 경험할 수 없었던 것입니다. 실제로 동반자의 유무는 우리의 신체가 작용하는 방식에도 큰 영향을 끼칩니다. 나는 이것을 알렉이라는 한 꼬마를 통해 알게 되었습니다.

어느 해 4월, 내가 섬기고 있는 교회의 한 젊은 부부가 우크라이나에서 귀여운 두 살짜리 남자아이를 입양했습니다. 그 전까지 알렉은 공립 보육원에서 300명의 5세 미만의 아이들과 함께 살았습니다.

8월이 되었을 때 아이의 엄마는 알렉을 데리고 정기 신체검사를 받으러 갔습니다. 검사 결과 알렉은 단 4개월 만에 13센티미터가 자란 것으로 확인되었습니다. 알렉의 검사표를 본 의사는 "그럴 리가 없는데"라며 의아해했습니다.

그들은 알렉의 키를 다시 재어 보았고 결과는 같았습니다. 알렉은 (음식은 말할 것도 없고) 사랑과 관심을 쏟아부어준 새 부모와 함께한 지 4개월 만에 13센티미터가 자란 것이었습니다. 의사는 아이의 엄마에게 이렇게 말했습니다. "나는 아이들이 사랑받는 환경에서 잘 성장한다는 말은 들었지만, 이렇게 눈으로 직접 목격한 것은 처음입니다."

공동체로 함께하는 삶은 우리의 DNA에 이미 내재되어 있습니다. 우리 세포에 이미 새겨져 있다는 것입니다. "하버드 대학교 교수인 로버트 퍼트

남(Robert Putnam)은, 만약 당신이 지금까지는 어떤 그룹에도 속해 있지 않았지만 이제부터 그러기로 결심한다면 '올해에 사망할 확률을 절반으로 줄일 수 있다'고 말합니다.[5] 보험사에 가서 "올해 사망률을 절반으로 줄이는 보험에 가입하고 싶습니다"라고 말하는 것을 상상해 보십시오. 말도 안 되는 소리라고 생각할 것입니다. 그러나 진정한 인간관계는 사람의 생명에 그런 긍정적인 영향을 끼칩니다.

그 영향력은 우리의 육신에서 끝나지 않습니다. 공동체를 필요로 하는 본성은 우리의 영혼에 새겨진 것입니다. 우리가 관계를 갈망하는 이유는 우리가 공동체로 함께하기 위해서뿐 아니라 '공동체 내에서' 창조되었기 때문입니다. 그것은 지금까지 존재해 온 가장 완전한 공동체, 곧 성부, 성자, 성령입니다. 이 세 분의 서로를 향한 사랑은 너무나 깊고, 그 연합은 매우 완전하기에 그분들은 한 분 하나님 안에서의 세 위격, 곧 삼위일체 하나님으로 불립니다. 예수님은 "아버지께서 내 안에 계시고 내가 아버지 안에 있음을 깨달아 알리라"[6]라고 말씀하셨습니다.

작가이자 목사인 존 오트버그(John Ortberg)는 이렇게 말합니다. "삼위일체의 '상호 내주'를 일컫는 고대 헬라어 용어는 페리코레시스(*perichoresis*)로, 이는 영어의 '춤'(choreography)이라는 용어와 밀접한 관계가 있습니다. 삼위일체는 성부, 성자, 성령 안에서 일종의 영원하고 즐거운 사랑의 춤으로 존재합니다."[7]

---

5 John Ortberg, *Everybody's Normal Till You Get to Know Them* (Grand Rapids: Zondervan, 2003), 33.
6 요 10:38.
7 Ortberg, *Everybody's Normal*, 35.

우리의 몸과 영혼은 공동체와 함께 춤을 추는 관계로 살아가도록 창조되었습니다. 하나님께서는 외로운 사람들을 보시면 여전히 "좋지 아니하니"라고 말씀하십니다. 사실 하나님께서는 이 공동체로 함께하는 삶에 대한 이해를 완전히 새로운 차원으로 끌어 올리셨습니다. 하나님께서는 크신 사랑으로 예수님을 보내셔서 이 외로운 세상에서 우리를 불러 내 새로운 공동체, 즉 서로를 이해하고 용납하며 하나님께서 뜻하시는 존재가 될 수 있도록 격려해 줄 영적 가족으로 초대하셨습니다. 사도행전 2장은 이 새로운 공동체의 아름다운 모습을 다음과 같이 묘사합니다.

"그들이 사도의 가르침을 받아 서로 교제하고 떡을 떼며 오로지 기도하기를 힘쓰니라. … 날마다 마음을 같이하여 성전에 모이기를 힘쓰고 집에서 떡을 떼며 기쁨과 순전한 마음으로 음식을 먹고 하나님을 찬미하며 또 온 백성에게 칭송을 받으니 주께서 구원받는 사람을 날마다 더하게 하시니라."[8]

이 구절에서 우리는 하나님께서 교회를 통해 의도하신 본래의 청사진을 엿볼 수 있습니다. 성전 뜰에서 모인 좀 더 큰 신자들의 집회와 각 사람의 집에서 모인 작은 신자의 모임 사이에는 강력한 상호작용이 있었습니다. 몇 년 후 사도 바울은 에베소 교회의 장로들에게 작별인사를 하면서 다음과 같은 말로 격려했습니다. "유익한 것은 무엇이든지 공중 앞에서나 각 집에서나 거리낌이 없이 여러분에게 전하여 가르치고."[9]

---

8 행 2:42, 46-47.
9 행 20:20.

이 구절에서도 그 유형이 다시 등장하는데, 신자 전체가 함께 공적으로 모여 가르치는 집회와 각 사람의 집에서 사적으로 모이는 소그룹 모임입니다. 두 모임은 서로 다른 특징을 지닙니다. 공적인 집회는 신자들이 영감과 지도를 받게 하기 위한 것이며, 우리로 하나님의 위대하심을 보게 해줍니다. 소그룹 모임에서는 신자들이 함께 식탁 교제를 나누는 가운데 하나님의 친밀하심을 경험합니다. 우리는 공적 집회와 소그룹 모임이라는 이 양면적 계획을 교회에 대한 하나님의 20/20 비전이라고 부릅니다(사도행전 20:20을 토대로 한 비전이라는 의미-역주).

교회에 대한 새로운 그림

그러나 대부분의 경우 사람들은 교회에 대해 그런 모습을 떠올리지 않습니다. 누군가가 '교회'라는 말을 하면 당신은 무엇이 가장 먼저 떠오르나요?

아마도 도시의 큰 돌로 지은 대성당이나 시골의 하얀색 교회 건물일지도 모릅니다. 혹 주일 오전에 많은 사람이 모여 예배 드리는 모습이나, 텔레비전에서 끝없이 등장하는 설교자들의 모습일 수도 있습니다.

그러나 교회라는 말에서 그런 것들과 전혀 다른 모습을 연상하게 된다면 어떨까요? 예를 들어, 매주 목요일 저녁에 짐과 제시카의 집에서 모이는 열 명 남짓의 소그룹 모임이나, 매주 화요일 오전 6시 반에 식당에서 모이는 네 명의 남성 같은 것입니다. 교회에 관해 떠올리는 가장 중요한 것이, 몇 사람과 함께 이번 한 주 동안 예수님처럼 살아가는 것이 무엇인지에 대해 고민하는 것이라면 어떨까요?

나는 교회라는 말에 그런 것을 떠올려 본 적이 한 번도 없었습니다. 나는 굉장히 전통적인 교회에서 자라나 하나님의 부르심을 느껴 목사가 되었고, 1980년대에는 신학교를 다니면서 1950~1970년대의 모습을 벗어나지 못한 채 점점 쇠퇴하고 있는 중소형 교회들을 지탱하게 하는 훌륭한 방법들을 배웠습니다. 신학교를 졸업한 후 첫 2년 동안은 별로 문제의식이 없었습니다. 그러던 중 하나님께서는 교회를 개척하는 새로운 꿈을 내게 불어 넣어 주셨습니다. 교회 개척에 대한 기본적인 지식이나 그 사역에 성공한 지인은 없었지만, 그 부르심에 대한 확신은 매주 점점 더 깊어졌습니다. 1991년에는 나는 '교회 개척 방법'에 관한 콘퍼런스에 등록했습니다. 내가 기대한 것은 그저 교회를 시작하는 데 필요한 기본 지식을 얻는 것이었습니다. 그러나 거기서 얻게 된 것은 어떤 교회를 이루어 가야 하는지에 대한 전혀 새로운 비전이었습니다. '새로운 공동체'로서의 교회에 대해 생각의 대전환이 일어난 것은 짐 데스머(Jim Dethmer)가 소그룹 모임의 체계에 대해 말할 때였습니다. 그는 이렇게 말했습니다. "교회마다 주일학교의 반별 모임, 성가대, 위원회, 기도 모임 같은 소그룹이 있습니다. 그러나 내가 말하려는 것은 그런 소그룹을 '가진' 교회가 아니라, 소그룹으로 '이루어진' 교회입니다. 즉, 소그룹으로 이루어져 있으면서 매 주일 예배를 위해 함께 모이는 교회 말입니다."[10]

그 하나의 생각이 '교회' 하면 내 머리에 떠오르는 모습을 바꾸어 놓았습니다. 난생처음 교회에 대한 나의 개념이 전체 회중이 모이는 집회에서 소

---

10 Jim Dethmer, "Strategies for Starting Churches" Seminar (lecture, Charles E. Fuller Institute, Pasadena, CA., February 18-19, 1991).

그룹으로, 주일 아침 예배에서 누군가의 거실 모임으로 바뀐 것입니다. 그 생각은 나를 사로잡았습니다. 그리고 언젠가 나도 그런 교회의 일부가 되고 싶다는 생각을 하게 되었습니다.

나는 존 웨슬리가 250년 전에 이미 이런 생각의 전환을 경험한 것을 알고는 매우 놀랄 수밖에 없었습니다. 그는 소그룹 모임에서의 친밀한 교제를 통해 자신의 마음이 "이상하게 뜨거워지는" 경험을 했습니다. 그가 1738년에 새롭게 갖게 된 믿음의 확신은 그의 영적 삶의 방향을 완전히 바꾸었습니다. 이제 믿음으로 받는 하나님의 은혜가 그의 신앙의 불변하는 토대가 되었습니다. 그는 이제 더는 구원을 얻기 위해 자신의 선행과 도덕적 행실을 신뢰하는 굿피플이 아니었습니다. 웨슬리는 매우 깊은 은혜를 경험한 후, 다른 모든 사람도 사람을 변화시키는 이러한 하나님의 사랑을 맛볼 수 있게 되기를 바랐습니다. "나라는 물론 특별히 교회를 개혁하고, 이 땅에 성경적 성결을 전파"[11]하겠다는 원대한 계획이 그의 새로운 비전이 되었습니다.

웨슬리가 그 원대한 계획을 이루기 위해 가장 중요하게 생각한 것은 바로 소그룹 모임이었습니다. 그 당시의 사람들에게 웨슬리의 비전은 허무맹랑하게 보였을 것이 틀림없습니다.

---

11 John Wesley, The 'Large' *Minutes*, A and B (1753, 1763), §4, in *The Methodist Societies: The Minutes of Conference*, ed. Henry D. Rack, vol. 10 of *The Bicentennial Edition of the Works of John Wesley* (Nashville: Abingdon, 2011), 845.

거룩한 개혁

'거룩함'은 18세기 영국을 묘사하기에는 매우 부적절한 용어입니다. 산업혁명은 수세기 동안 지속되어 온 농경사회를 파괴하고 있었습니다. 새로 부상하는 해상무역은 공산품의 수요를 급격히 증가시켰습니다. 작은 마을에서 농사를 짓던 사람들은 새로 생긴 공장에서 일하기 위해 줄지어 큰 도시로 이주해 갔습니다. 그들은 돈 한푼 없이 도시에 도착해, 가족과 완전히 단절되고, 오랫동안 지켜온 문화적 전통과도 이별했습니다. 새로 접하는 세상에 적응하려 노력하다 그들은 종종 도시 빈민가에서 횡행하던 죄악에 빠져들었습니다. 새로운 노동 계층의 아이들의 상황은 극히 취약했습니다. 그들은 가정에 보탬이 되기 위해 네다섯 살 때부터 탄광이나 벽돌공장에서 고된 노동을 해야 했습니다. 정규 교육을 받는 아이는 25명 중 한 명도 되지 않았습니다.[12]

이 모든 격변 속에서 극빈 노동자층과 그 자녀들에게 가장 큰 해를 끼친 것은 알코올중독이었습니다. "1736년 런던에서는 다섯 집 건너 한 집이 (퇴폐적 영업을 하는) 싸구려 술집으로 등록되어 있었습니다. 독한 술 진(gin)의 소비량은 영국에서만 연간 약 4천만 리터에 달했습니다. 만연한 알코올중독은 노동자들에게 그나마 남아 있던 체면마저 무너뜨려, 그들을 아무런 희망도 없는 깊은 절망에 빠지게 만들었습니다."[13]

---

12 D. Michael Henderson, *John Wesley's Class Meeting: A Model for Making Disciples* (Nappanee, IN: Evangel, 1997), 18-19 [D. 마이클 핸더슨, 『존 웨슬리의 소그룹 사역을 통한 제자 만들기』, 이혜림 역 (서울: 서로사랑, 2011)].
13 같은 책, 19.

부유한 계층은 가난한 사람들이 처한 곤경에 아무런 관심이 없었습니다. 얼굴조차 모르는 노동자들의 중노동으로 그들의 금고가 채워지는 동안, 그들은 예술, 정치, 무역, 고상한 생활에 몰두하느라 바빴습니다. 상류층의 비위를 맞추느라 여념이 없었던 영국 국교회도 그들에게 아무런 신경을 쓰지 않았습니다. 많은 성직자는 하나님이 사람들의 삶이나 세상 일에 개입하지 않는다는 이신론을 받아들였습니다. 그들은 나라의 세금으로 보수가 책정되었기에 교회 회중에 대해 아무런 책임감도 느끼지 않았습니다. 성도들의 영혼에 대한 관심은 최소한에도 미치지 못했고, 노동 계층에 대해서는 더더욱 무관심했습니다. 사회의 지배층은 종교심의 표출에 관한 모든 요소를 면밀하게 통제했습니다. 한 세기 전 청교도들이 그랬던 것처럼, 그들은 누군가가 열광주의에 빠져 미개한 대중을 선동해 반역으로 이끌지 모른다는 두려움 때문에 예배를 엄격하게 규제하고 정례화했습니다.[14] 탐욕과 무관심과 두려움이 교회를 영적으로 죽게 만들었습니다.

이것이 웨슬리가 개혁하고자 했던 나라와 교회였습니다. 그를 선뜻 이해할 수 있겠습니까? 도대체 이런 상황에서 어떻게 거룩함이 퍼져 나갈 수 있었을까요? 웨슬리는 몇 가지 실천사항을 엄수함으로 그 목표를 이룰 수 있었습니다. 첫째, 그는 매일 두 시간 이상을 기도하는 거룩한 실천을 통해 하나님의 능력에 가까이 머물러 있었습니다. 둘째, 그는 교회에 다니지 않는 사람들을 찾아가 그들이 있는 장소에서 그들의 언어를 사용해 그들을 만났습니다. 셋째, 그는 일반 대중이 사용하는 언어로 말하는 방법을 익혔습

---

14 같은 책, 20-21.

니다. 넷째, 그는 사람들이 친숙하게 느끼는 문화인 음악을 통해 그들의 마음에 다가가는 방법을 찾아냈습니다. 다섯째, 그는 사람들이 삶을 함께하도록 도움으로써 그들의 마음과 삶 모두를 변화시키는 방법을 발견했습니다. 웨슬리는 사람의 영적 상태와 더 성장하고자 하는 욕구에 부합하도록 상호 연결된 모임 체계를 만들었습니다. 좀 더 큰 모임인 신도회와 소그룹 모임인 속회가 그 중심에 있었습니다.

함께하는 삶

웨슬리가 야외에서 설교하기 시작하자 많은 사람이 자신의 영적 상태를 '자각해' 그에게 도움을 요청했습니다. 이에 웨슬리는 처음에는 그들을 50명씩 또는 그보다 많은 '신도회'로 조직했습니다. 우리는 그들을 교회 회중으로 부릅니다. 웨슬리는 신도회를 다음과 같이 정의했습니다. "신도회는 경건의 모양을 지니고 경건의 능력을 추구하는 사람들의 모임으로, 함께 연합해 기도하고 권고의 말씀을 들으며 사랑 안에서 서로를 돌아보아 서로의 구원을 돕는 것을 목적으로 한다."[15]

신도회의 주된 목적은 신앙을 지도하는 데 있었습니다. 신도회 집회는 그리스도인의 삶의 다양한 측면에 관해 준비된 말씀을 듣기 위해 주중 다양한 시간에 열렸습니다. 모인 사람들은 한쪽에는 남성, 한쪽에는 여성으로

---

15   John Wesley, *The Nature, Design, and General Rules of the United Societies*, in *The Methodist Societies: History, Nature, and Design*, ed. Rupert E. Davies, vol. 9 of *The Bicentennial Edition of the Works of John Wesley* (Nashville: Abingdon, 1989), 69.

나뉘어, 줄지어 배치된 등받이 없는 긴 의자에 앉았습니다. 집회 중에는 찬송을 부르고 성경을 배우며 공적인 기도를 함께 드렸으나, 토론을 위한 시간은 없었습니다. 신도회의 주된 목적은 인지 학습에 있었기 때문입니다.[16]

웨슬리는 얼마 지나지 않아 이 방식에 문제점이 있음을 발견했는데, 각 사람에 대한 영적인 관리가 충분히 이루어지지 않았기 때문입니다. 지적 학습은 비록 그리스도의 제자로서의 삶에 필수적인 요소지만, 웨슬리는 옥스퍼드 대학교에서의 교수 생활을 통해 지적인 정보 그 자체만으로는 사람을 근본적으로 변화시킬 수 없다는 사실을 잘 알고 있었습니다. 한 사람의 삶을 변화시키기 위해서는 배운 지식이 내면화되어야 하기 때문입니다. 그리고 이 내면화 과정을 위해서는 시간과 개인적 관심이 필요합니다. 부흥운동이 점점 확장되자 웨슬리는 자신 혼자서 그 많은 사람, 특히 새롭게 회심한 사람들을 개인적으로 돌볼 수 없다는 사실로 괴로워했습니다. 그는 영적으로 한 번 각성된 사람이라도 얼마나 쉽게 과거의 삶으로 되돌아가 버리기가 쉬운지를 잘 알고 있었지만, 자신의 설교를 들은 뒤 찾아오는 수백, 수천 명의 사람들을 다 개인적으로 만날 도리가 없었던 것입니다. 그가 찾은 해답은 바로 속회였습니다.

웨슬리는 모든 신도회를 다시 10명에서 12명 정도의 속회로 재편성해, 각 속회원들이 자신들의 "구원을 이루어 가도록" 했습니다.[17] 그리고 직접 각 속회를 목회적으로 돌볼 리더들을 선발한 후, 그들이 각 속회원의 영적

---

16   같은 책, 84.
17   빌 2:12.

인 상태를 보고하도록 했습니다. '속회'(class meeting)는 사실 목적에 부합하는 적절한 명칭은 아닙니다. 속회원들은 누군가의 가르침을 받기 위해서가 아니라, 자신의 삶을 변화시키기 위해 모였기 때문입니다. 속회 모임은 신도회 집회에서 이미 배운 내용을 자신에게 개인적으로 적용하기 위한 것이었습니다.[18]

웨슬리는 각 개인이 거룩함을 추구하고 하나님과 이웃을 깊이 사랑하게 되는 모습을 마음속에 그렸습니다. 성경은 "거룩함을 따르라 이것이 없이는 아무도 주를 보지 못하리라"[19]라고 말씀하기 때문입니다. 주중의 속회 모임은 개인이 하나님을 어떻게 경험했는지와, 죄와 어떻게 싸우고 있는지를 솔직히 나누는 데 초점을 두었습니다. 모임은 리더가 지난 일주일간의 자신의 믿음의 여정을 나누는 것으로 시작되었습니다. 성공만이 아니라 실패, 유혹, 죄, 그리고 내적인 갈등까지도 나누었습니다. 리더의 순서가 끝나면 속회원들은 돌아가며 리더가 보여 준 모범을 따라 하나님께서 자신의 삶에서 행하신 일들을 나누었습니다.[20] 속회는 승리를 축하하고, 내적 갈등을 이야기하며, 죄를 고백할 수 있는 안전한 공간이 되어 주었습니다. 그 결과 사람들은 죄에서 정말로 자유를 얻었고, 영적 성장을 계속 이루어 갈 수 있었습니다.

웨슬리는 신도회에 속한 모든 사람이 거룩함을 추구하도록 돕기 위해 그들이 지켜야 할 '세 가지 규칙'을 만들었습니다. 곧 (1) 타인에게 해를 끼치

---

18   Henderson, *John Wesley's Class Meeting*, 93.
19   히 12:14
20   Henderson, *John Wesley's Class Meeting*, 99.

지 말고, (2) 선을 행하며, (3) 하나님께 대한 향한 사랑이 더 깊어지도록 도울 영적인 훈련에 참여하라는 것이었습니다. 그 각각의 규칙에는 허용되는 것과 그렇지 않은 것에 대한 구체적인 행동 지침이 포함되어 있었습니다. 속회원들이 하지 말아야 할 행동에는 싸움, 말다툼, 술 취함, 주님의 이름을 잘못되게 사용하는 것, 갚을 의도 없이 돈을 빌리는 것 등이 있었습니다. 대신 그들은 굶주린 사람에게 먹을 것을 주고, 병자를 돌보며, 감옥에 있는 사람을 찾아가 믿음을 전해야 했습니다. 웨슬리는 또한 그들에게 공예배에 참여하고, 가족 기도와 개인 기도 시간을 가지며, 성경을 읽고, 금식하거나 금욕하기를 권장했습니다.[21]

사람들이 이러한 영적인 훈련에 참여하면서 수천 명의 삶이 근본적으로 변화되었습니다. 이 새로운 불길에 기름을 붓기 위해 웨슬리는 열심히 속회 모임에 참여하는 사람에게만 속회 회원자격을 갱신해 주는 방법을 활용했습니다. 신도회 집회에 함께하기 원하는 사람은 먼저 매주 모이는 속회 모임을 3개월간 참여해야 했습니다. 일단 신도회에 가입하면 비록 신도회 집회에는 빠질 수 있었으나, 속회 모임을 한 분기에 세 번 이상 결석하면 더는 신도회 회원자격을 유지할 수 없었습니다.[22] 웨슬리가 우리에게 던지는 메시지는 분명합니다. 그것은 소그룹 모임 안에 진정한 교회가 존재한다는 것입니다.

---

21 "The Nature, Design, and General Rules of Our United Societies," in *The Book of Discipline of The United Methodist Church—2012*, ¶ 104 (Nashville: The United Methodist Publishing House, 2012), 76-78.
22 Henderson, *John Wesley's Class Meeting*, 107-8.

웨슬리는 너무나 많은 사람이 이 속회를 통해 변화 받는 것에 비해, 속회에 참여하지 않는 사람들은 신앙의 열매를 거의 맺지 못하는 것을 보았기에, 이후에는 속회를 조직할 수 없는 곳에서는 더는 설교를 하지 않기로 결심했습니다. 그는 사람들로 하나님 앞에서의 자신의 참된 상태를 자각하게 한 후에 하나님의 길을 배울 수 있는 안전한 공간을 제공하지 않는 것은 "살인자를 위해 자식을 낳는 것이나 다를 바 없다"고 일지에 적었습니다. 그들의 나중 상태는 이전보다 오히려 나빠질 것이기 때문입니다.[23]

따라서 웨슬리는 속회에 참여할 수 있는 자격을 최대한 쉽게 만들었습니다. 사회적 지위나 과거의 신앙의 내력은 아무런 의미가 없었습니다. 속회 참여를 위해 요구되는 유일한 조건은 "장차 올 진노를 피하고 죄에서 구원 받기를"[24] 간절히 소원하는 마음 그 한 가지뿐이었습니다. 달리 말해, 새로운 삶을 원해야 했습니다. 속회는 사람들이 따뜻한 교제를 맛보고, 신앙으로 인한 내적 갈등과 죄를 고백하며, 진정한 구원자를 믿는 믿음을 갖게 되는 자리였습니다. 웨슬리는 진정한 변화는 단번에 완성되지 않는다는 것을 알고 있었습니다. 죄인이 성도로 변화되는 데는 오랜 시간이 걸리기 마련이기 때문입니다. 초기 메소디스트들의 변화의 과정을 기록한 일지를 보면 이를 알 수 있습니다. 변화된 많은 사람은 그리스도께로 회심하기 전 2~3년 정도 매주 속회 모임에 꾸준히 참여한 사람들이었습니다.

23　John Wesley, August 25, 1763, *Journals and Diaries IV (1755–65)*, ed. W. Reginald Ward and Richard P. Heitzenrater, vol. 21 of *The Bicentennial Edition of the Works of John Wesley* (Nashville: Abingdon, 1992), 424.

24　"The Nature, Design, and General Rules of Our United Societies," in *The Book of Discipline, 2012*, ¶ 104, 76.

교회가 놓치고 있는 것

우리 중 대부분은 이런 교회의 모습을 과거에 전혀 본 적이 없습니다. 20세기의 메소디스트로 자라난 나는 그리스도인으로서 성장할 수 있는 가장 좋은 방법은, 큰 집회에 참여하는 것과 매일 개인적 묵상의 시간을 갖는 것이라고 믿었습니다. 나는 '매주 예배에 참여하고 날마다 개인 묵상 시간을 갖는다면 그것만으로도 대단한 거야'라고 생각했습니다. 물론 그런 노력은 매우 가치 있지만, 그것만으로는 무엇인가가 부족했습니다. 하나님께서 나에게 무엇을 원하시는지를 발견하기 위해서는 소그룹 모임이 꼭 필요했기 때문입니다.

누군가가 처음으로 내게 예수님을 마음에 영접하도록 권고한 것은 교회의 고등부 반별 모임에서였습니다. 우리 반을 담당한 샤론 러스트(Sharon Rust) 선생님은, 기독교란 단지 교회와의 관계만이 아닌 예수 그리스도와의 관계임을 다정하면서도 꾸준하게 알려 주셨습니다. 선생님의 증언과 반 친구들의 지지 덕분에 나는 갓 열네 살이 된 어느 날 예수님을 진정으로 내 마음에 모시기로 결정했습니다. 그 후로 내 인생은 달라졌습니다.

대학 시절 나는 주일에는 일리노이 중부 한 교회의 예배 찬양팀에 속해 있었습니다. 10명의 대학생으로 이루어진 찬양팀에서 나는 사랑 안에서 양육과 신앙 훈련을 받았습니다. 그들을 통해 해양 생물학자가 되려던 어린 시절의 꿈을 버리고 목사가 되라는 하나님의 속삭이는 음성을 들었습니다.

목회자가 되기 위해 신학을 공부하면서 나는 로마서 수업을 듣게 되었습니다. 학기가 끝나갈 무렵 나는 같이 수업을 듣는 12명의 학생 앞에서 긴 연구 논문을 발표하고 있었는데, 갑자기 시간이 멈춘 듯했습니다. 그들이 내가 하는 말에 정말 귀를 기울이고 있다는 사실에 이상한 기분이 들었습니다. 어떤 사람은 내 말을 적고 있었고, 또 어떤 사람들은 펜을 내려놓고 나를 응시하고 있었습니다. 내 이에 뭐라도 끼어 있는지 염려될 정도였습니다. 발표를 마친 후 누군가가 "와! 정말 잘했어, 로저"라고 말해 주었습니다. 다른 한 사람도 비슷한 말을 해주었습니다. 또 다른 사람도 마찬가지였습니다. 그럴 것이라고는 아무도 생각하지 못했습니다. 그날 그들이 확인해 준 것은 나 자신도 나에게 있는 줄 몰랐던 가르침의 은사였습니다.

만약 내 삶에 이런 작은 그룹들과 함께할 기회가 없었다면 나는 평생 신앙의 영역에 발을 디디고 그리스도인이 되지 못했을 것입니다. 또 분명히 목회자의 길을 가지 않았을 것이고, 하나님의 일을 위해 활용할 수 있도록 주신 영적인 은사를 받는 일도, 깨닫는 일도 없었을 것입니다. 소그룹에서 만난 그리스도인 친구들이 없었다면 아내 린을 만나지 못했을 것이고, 우리 아이들 잭과 제인도 태어나지 않았을 것입니다. 내가 소그룹에서 몇몇 사람과 무엇인가를 함께하기로 하지 않았다면, 내 인생 전체는 지금과 전혀 달랐을 것입니다.

성경은 "그런즉 누구든지 그리스도 안에 있으면 새로운 피조물이라 이전 것은 지나갔으니 보라 새것이 되었도다"[25]라고 말씀합니다. 내 친구 중 하나는, "생각해 봐. 너는 네가 누구인지 아니?"라고 말해주곤 했습니다. 삶

---

25 고후 5:17.

의 모든 단계마다 나는 그리스도 안에서 내가 진짜 누구인지를 볼 수 있도록 돕는 사람들의 그룹을 필요로 했습니다.

웨슬리는 현대의 많은 그리스도인이 놓치고 있는 부분을 정확히 보았습니다. 그것은 바로 교회가 큰 모임에만 초점을 맞출 때 생기는 약점입니다. 적용이 따르지 않는 배움은 오만한 태도로 이어집니다. 바울은 "지식은 교만하게 하며 사랑은 덕을 세우나니"[26]라고 말합니다. 중요한 것은 당신이 무엇을 알고 있는지가 아니라, 어떻게 사랑하고 있는가 하는 것입니다. 우리 대부분은 우리가 현재 순종하고 있는 그 이상의 가르침을 이미 받았습니다. 우리에게 필요한 것은 궁금한 것을 물어보고, 내적 갈등에 대해 말할 수 있으며, 우리가 배워 알고 있는 것을 내면화할 수 있는 안전한 공간입니다. 우리의 믿음을 실천으로 옮기지 못하면 그 믿음은 참된 것일 수 없기 때문입니다.

안전한 공간

당신에게 안전한 공간은 어디인가요?

당신은 정기적으로 만나 가면을 벗고 "이것 봐. 이런 게 나야. 나는 이것 때문에 밤에 잠을 못 자. 이런 것이 나의 잘못이야. 이것이 하나님께서 나에게 하라고 하시는 일인데 난 자신이 없어. 나는 겉으로는 아무렇지 않은 척 살아가지만 속으로는 그렇지가 않아"라고 말할 수 있는 사람들이 있나요?

---

26 고전 8:1.

지금과 같은 초연결 세상에서 우리 대부분에게 필요한 것은 더 많은 관계가 아니라 더 깊은 관계입니다. 당신에게는 자신의 믿음을 참된 것으로 만들 수 있는 안전한 공간이 있나요?

작가 고든 맥도날드(Gordon MacDonald)는 알코올중독자갱생회(Alcoholics Anonymous)의 남녀 소그룹을 방문한 경험을 말한 적 있습니다. 그는 알코올중독에서 회복 중인 친구들이 있어서 그들이 어떤 이야기를 하는지 들어 보려고 그 그룹을 방문했다고 합니다. 그가 발견한 것은 이것입니다.

어느 날 아침 35세 정도 되어 보이는 캐시가 처음 우리 모임에 참여했습니다. 나는 그녀를 보자마자 스물한 살 때는 할리우드 영화에 나오는 주인공 못지않은 미모를 가졌을 것임을 단번에 알 수 있었습니다. 그러나 지금은 얼굴이 퉁퉁 부었고, 눈은 충혈되었으며, 이는 썩고 있었습니다. 머리는 얼마나 오랫동안 감지도 빗지도 않았는지 가늠조차 하기 힘들 지경이었습니다.

그녀는 이렇게 말했습니다. "나는 지난 한 달 간 다섯 개 주를 돌아다녔어요. 밤에 다리 밑에서 잠을 잔 적도 여러 번 있었어요. 체포도 당하고, 강간도 당하고, 도난도 당했어요 (그녀는 울기 시작합니다). 이제 어떻게 해야 할지 모르겠어요. 나는 … 이제 … 노숙하고 … 싶지 … 않아요. 하지만 (훌쩍) 술을 끊지 못하겠어요 (훌쩍). 멈출 수가 없어요 (훌쩍). 멈출 수가 …."

캐시 옆에는 12년 이상 술을 입에 대지 않은 몸집이 큰 메릴린이라는 여성이 있었습니다. 그녀는 두 팔을 뻗어 캐시를 가까이 끌어당긴 후, 그녀의 얼굴을 자신의 넓은 품에 안아 주었습니다. 나는 가까이 있어서 메릴린이 캐시의 귀에 대고 조용히 하는 말을 들을 수 있었습니다. "이봐요. 이제 괜찮을 거예요. 이제 우리가 함께 있잖아요. 이제 같이 그 문제를 해결해요. 여기에 계속 나오기만 해요. 알았죠? 계속 나오기만 하면 돼요." 이 말을 한 뒤 메릴린은 캐시의 이마에 키스를 해주었습니다.[27]

이런 것이 바로 안전한 공간입니다. 메소디스트 속회가 바로 이런 모습이었을 것입니다. 그 모임이 그렇게도 급속히 성장한 것은 놀라운 일이 아니었습니다. 웨슬리는 자신의 경험을 통해 사람들을 있는 그대로의 모습으로 용납하지 않는 한 그들이 변화될 수 없다는 것을 알았습니다. 그러나 한번 그런 용납을 경험한 후에는 그들이 계속 모임에 참여하기만 한다면, 그들은 사랑을 통해 새로운 삶을 살게 될 것입니다.

당신의 교회에도 사람들이 사랑을 통해 생명을 되찾게 될 안전한 공간이 있나요? 기독교는 머리로 배우는 것이 아니라 감염되는 것입니다. 감염이 되려면 전염성 있는 사람 곁에 있어야 합니다. 당신의 그룹이나 교회에는 교회에 다니지 않던 사람들을 참여시켜 그들을 믿음으로 인도하고 그리스도를 따르는 성숙한 제자로 자라게 하는 제자훈련 과정이 있습니까?

간격을 좁히라

대부분의 교회에는 좋은 가르침과 그리스도인의 삶에 대해 영감을 주는 집회식 예배가 있습니다. 교회 지도자들은 전통적으로 매주 주일에 드리는 정규 예배 준비에 지나치게 많은 시간과 열정을 쏟아붓습니다. 예배의 목적

---

27 Gordon MacDonald, "My Small Group, Anonymous," *Leadership Journal* (Winter 2014): 32. © 2014 Christianity Today International. Used by permission of *Leadership Journal*. www.leadershipjournal.net.

은 대체로 인지 학습에 초점이 맞추어져 있어, 예배가 마치 청중의 머리에 최대한 많은 정보를 채워 넣는 대학 수업같이 느껴질 정도입니다. 그러나 주입된 정보를 바르게 소화하도록 돕는 과정이 없다면 그것은 매일의 삶에 아무런 영향을 끼치지 못합니다. 일부 사람들이 수십 년간 매주 교회를 다니면서도 그들이 처음 교회에 출석했을 때와 다를 바 없이 그리스도로 말미암는 사랑과 희락과 화평을 누리고 있다는 증거를 전혀 보여 주지 못하는 이유는 바로 거기에 있습니다. 많은 사람이 모이는 대규모 예배만으로는 사람들이 알고 있는 것과 실제로 행하는 것 사이에 존재하는 간격을 점점 더 넓혀 놓게 됩니다.

그 간격을 좁힐 수 있는 것이 소그룹 모임입니다. 참되고 지속적인 삶의 변화는 넓은 예배실에 앉아 장황한 설교를 듣는 것으로 일어나지 않습니다. 그런 변화는 몇 명의 소그룹 멤버와 함께 방에 둘러앉아, 누군가가 "이번 주 당신의 삶에서 하나님은 어떤 일을 행하고 계신가요? 당신이 겪고 있는 내적 갈등은 어떤 것인가요? 우리가 어떻게 기도해 드리면 좋을까요?" 등의 질문을 할 때 일어납니다. 사람들이 줄지어 앞만 보고 앉아 있는 상태로는 성장이 이루어지지 않습니다. 성장은 서로 마주보며 둥글게 앉아 대화할 때 이루어집니다.

이제 다시 타이샤의 이야기로 돌아가, 그녀에게 한번 물어봅시다. 그녀가 교회 가는 길에 단 한 명의 친구를 바라며 기도한 것을 기억하나요? 그녀는 이렇게 말합니다.

나는 하나님이 이토록 풍성하게 응답해 주실 줄 정말 몰랐습니다. 정말이지 열 배로 주셨습니다. 나는 '교회 가족'이나 '그리스도 안에서의 형제 자매'라는 말을 한 번도 제대로 이해한 적이 없었습니다. 교회 사람들이 그저 예의상 하는 말로만 알았어요. 그러나 이제는 너무나도 분명히 그것이 무슨 뜻인지 알겠어요. 정말로 그렇게 느껴지니까요. 나는 생물학적 가족과는 800킬로미터나 떨어져 살고 있지만, 이제 이곳에도 가족이 생겼어요. 우리는 함께 다른 사람의 성공을 축하하고 실패에 대해서는 애석해합니다. 이 소그룹에 함께하기 전 내 믿음은 단지 자기만족을 위한 것이었고 지극히 개인적이었습니다. 그런데 지금은 나 자신 밖으로 넘쳐흐르고 있습니다. 믿음이 더욱 도량이 넓고 활기찬 것이 되었습니다. 나는 나의 참된 가족을 발견했고, 그리스도와의 동행은 훨씬 견고해 졌습니다.

타이샤는 참된 신앙 공동체와 함께함을 통해 두 가지의 큰 유익을 얻게 되었습니다. 누군가와 함께하고자 하는 우리 영혼의 깊은 갈망을 충족시켰을 뿐 아니라, 마음과 삶에서의 영적 변화를 경험한 것입니다. 소그룹 신앙 공동체를 통해 우리의 신앙은 타인을 위해 우리의 삶을 쏟아부을 수 있는 데까지 성숙하게 됩니다.

기도

주 예수님, 주님은 우리의 삶이 얼마나 외로울 수 있는지를 잘 아십니다. 저에게 안전한 공간이 되어줄 수 있는 몇 명의 사람들을 발견할 수 있도록 도와주세요. 그들을 통해 제 신앙과 삶의 간격을 좁혀 주시고, 주님 안에서 제가 누구인지를 알게 해주세요.

주의 말씀을 내 마음에 두었나이다

"날마다 마음을 같이하여 성전에 모이기를 힘쓰고 집에서 떡을 떼며 기쁨과 순전한 마음으로 음식을 먹고 … 하나님을 찬미하며 또 온 백성에게 칭송을 받으니 주께서 구원받는 사람을 날마다 더하게 하시니라" (행 2:46-47).

6장 모두가 참여하게 하라

"삶의 의미는 다른 사람들을 섬기는 데 있다."

- 달라스 윌라드(Dallas Willard)

"각 사람에게 성령을 나타내심은 유익하게 하려 하심이라."

- 고린도전서 12:7

크리스티는 교회에서 자라났습니다. 그녀의 부모는 신앙생활을 열심히 했고, 그 자녀들도 그러기를 바랐습니다. 그녀의 가장 어린 시절 기억들은 주일학교에 다니고 가족과 함께 예배에 참석한 것, 방학 때 여름성경학교에 간 것, 크리스마스 연극에서 요셉 역할을 맡은 것(그 해에 요셉을 하겠다는 남자 아이가 아무도 없었답니다)이 중심을 이루고 있습니다. 나이가 어느 정도 됐을 때는 교회 청년부 활동에 참여할 수 있다는 생각에 기대가 가득했다고 합니다. 크리스티는 교회가 마치 가족인 것처럼 교회를 사랑했습니다. 그녀에게 단 한 가지 부족했던 것은 믿음에 관한 부분이었습니다. 그녀는 모든 규율을 잘 알았고 그것을 지키기 위해 최선을 다했습니다. 또 그녀는 상냥하고 예의 바르며 책임감 있는 모범적인 아이였습니다. 그러나 누구도 알지 못했던 것은 그녀가 속으로는 큰 공허함을 느끼고 있었다는 점이었습니다. 다른 사람들이 자신을 어떻게 생각할지에 대한 두려움 때문에 그녀는 언젠가는 모든 것이 잘 해결되기를 바라며 자신이 느끼는 것을 아무에게도 말하지 않았습니다.

대학교 4학년이 되기 전 여름(미국은 9월 가을학기에 학년이 바뀜-역주), 크리스티는 청년부와 함께 가까운 주에서 진행한 헤비타트 사랑의 집 짓기 운동에 참여하기 위해 선교 여행을 떠났습니다. 그들은 35도의 무더위에서 일하면서 석고판도 붙이고, 틈새도 메우고, 단열 처리도 하고, 배수로도 팠습니다. 땀으로 범벅이 된 힘든 작업이었습니다. 때로 그들은 그 집들의 주인이 될 사람과 함께 일했는데, 그들은 자신들의 몫을 충분히 다했습니다. 저녁에 그들은 어느 교회 지하실에서 맛있게 식사도 하고, 그룹으로 묵상 시간도 갖고, 함께 게임도 했습니다. 그 한 주가 끝나자 모두들 지쳐서 비틀거리면서도 설명할 수 없는 평안함을 가지고 돌아왔습니다.

몇 달이 지난 후 누군가가 크리스티의 삶에 생긴 변화를 알아차렸습니다. 미소에서는 더 진실함이 느껴졌고, 성품은 더 평온해 보였습니다. 한 친구가 이에 대해 묻자 그녀는 "나는 그리스도인이 되었어. 선교 여행 때 그 일이 있었어"라고 대답했습니다. 어리벙벙한 친구의 표정을 보고는 그녀는 이렇게 설명했습니다. "우리가 차를 타고 집으로 돌아오던 토요일이었어. 주위에 앉아 있던 사람들은 대부분 피곤해서 곯아떨어져 있었지. 대화할 사람이 없다 보니 나는 우리가 한 모든 일을 떠올려 보게 되었어. '지난 주에는 우리가 알지도 못했던 사람들이 이제 생전 처음으로 자기 집을 갖게 되었네. 그들은 정말 행복해 보였어. … 그건 하나님께서 그들을 위해 그들 스스로는 할 수 없었던 무엇인가를 해주셨기 때문이겠지?' 그런 생각을 하는데 갑자기 온몸이 따뜻해지면서 이런 생각이 들었어. '이런 것이 그리스도인이 되는 거구나. 예수님께서는 나 스스로는 할 수 없는 일을 나를 위해 해주셨어. 그분은 나를 용서하시고 천국에 새 집을 마련해 주셨지. 중요한 건 내가 얼마나 선한지가 아니야. 예수님께서 나를 사랑하셨기 때문에 나도 다른 사람을 사랑하는 것, 그게 가장 중요한 거야.' 그게 너무나 분명해졌어. 나는 그것이 내가 정말 원했던 것임을 알았고, 바로 그 차 안에서 내 삶을 예수님께 드렸어."

우리는 주로 사람들이 올바른 생각을 갖도록 하는 일에 초점을 맞추고, 그렇게 되면 행동이 저절로 따라올 것이라고 생각하곤 합니다. 그렇지만 순서는 그 반대가 되기도 합니다. 우리의 태도가 변화될 때 거기서 믿음의 근본적인 변화가 일어나기도 합니다. 크리스티가 갖게 된 찬란한 새로운 신앙은, 섬김에 변화의 큰 능력이 있음을 보여 준 증거였습니다.

하나님 나라의 역전

섬김이 우리를 변화시키는 것은, 그것이 우리를 하나님의 마음으로 이끌기 때문입니다. 예수님은 이를 분명히 아셨습니다. 그분의 공적인 사역은 그 시작부터 훌륭한 가르침, 놀라운 치유, 경이로운 기적으로 가득했습니다. 그분의 명성이 곧 그분 자신을 앞지르게 되었습니다. 예수님이 어느 지역으로 가시면 그곳에는 수천 명의 사람이 몰려왔습니다. 그분께 큰 소망을 품은 사람들은 그분을 세상의 왕으로 삼으려 했지만, 그럴 때마다 예수님은 거절하셨습니다. 그분이 오신 목적은 그것이 아니었기 때문입니다.

예수님은 제자들이 그분의 더 큰 사명이 무엇인지 분명히 깨닫게 되기를 간절히 원하셨습니다. 그러나 안타깝게도 그들은 자기 자신의 성공에 더 관심이 있었습니다. 한번은 제자들의 이기심이 폭발했습니다. 제자 중 두 사람이 비밀리에 예수님의 나라에서 가장 높은 자리를 확보하려 했습니다. 다른 열 명의 제자는 이 일에 대해 듣고 격분했습니다. 제자들 사이에는 단단한 응어리가 생겨나기 시작했습니다. 예수님은 서로에 대한 적의가 제자들을 분열시킬 만큼 심각한 것을 아시고, 그것을 온전한 가르침의 기회로 삼으셨습니다.

예수님은 제자들을 불러 이렇게 말씀하셨습니다. "얘들아, 너희는 내 제자가 되는 일을 조직의 최정상에 올라 힘과 권위로 사람들 위에 군림하는 것으로 생각하는데, 그렇지 않아. 누구든 위대한 사람이 되고 싶으면 섬기는 사람이 되어야 하지. 나를 따르려면, 너희 중 가장 높은 사람이 모든 사람의 종이 되어야 해."[1]

그런 다음 그분은 자신이 진정 누구인지 밝히셨습니다. "인자가 온 것은 섬김을 받으려 함이 아니라 도리어 섬기려 하고 자기 목숨을 많은 사람의 대속물로 주려 함이니라."[2] 이 말에 그들이 얼마나 굳게 침묵했던지, 그 침묵 소리에 귀가 먹먹할 지경이었습니다. 전에는 어떤 지도자도 그런 말을 한 적이 없었습니다. 예수님께서는 가장 큰 자가 가장 낮은 자가 되는, 곧

---

1   막 10:42-44을 달리 표현함.
2   마 20:28.

세상의 가치가 역전되는 하나님 나라를 세우기 위해 오셨습니다. 예수님을 따른다는 것은 섬기는 자라는 새로운 정체성을 자신의 것으로 삼는 것을 말합니다. 당신은 왜 예수님께서 이기심을 분출하는 성향을 지닌 우리에게 모든 사람의 종이 되라고 초청하시는지 이해하기 힘들 것입니다. 사실 그분은 우리가 어떤 사람인지 알고 계십니다.

이기심

미국의 교육학자 로렌스 피터(Laurence Peter)는 이렇게 말합니다. "이기주의자에는 두 가지 부류가 있다. 그것을 인정하는 부류와 그렇지 않은 우리 나머지 사람들이다."[3] 우리는 아는 척하며 그 말에 미소를 지으면서도, 때로는 우리가 두 번째 부류에 속해 있음을 인정하기를 어려워합니다.

한 어린 여자아이가 오빠들을 이기적(selfish)으로 대하고 있었습니다. 결국 아이의 아빠가 아이를 자리에 앉게 한 후 이기적으로 구는 것에 대해 한참 동안 훈계했습니다.

이야기를 끝내자 그 아이가 말했습니다. "아빠, 저는 조개(shellfish)를 가지고 있지도 않아요!"

사람들이 자신의 이기심을 보게 만드는 일은, 물 속에 살고 있는 조개에게 물을 보게 만드는 일만큼이나 어렵습니다. 인간의 본성은 자기 스스로에게 도취되는 특성이 있기 때문입니다. 물론 어떤 사람은 이렇게 말할

---

3   Laurence J. Peter의 "Selfishness Quotes"에서 재인용. Thinkexist.com, http://thinkexist.com/quotations/selfishness/.

지도 모릅니다. "그래요. 내가 이기적일 수도 있겠지요. 그러나 그걸 안다고 해서 무슨 차이가 있나요?"

사실 자신의 이기심을 깨닫는 것과 그렇지 않은 것 사이에는 큰 차이가 있습니다.

듀크 대학교는 1,037명의 사람을 대상으로 어린 시절부터 32세가 되기까지의 기간을 관찰하는 중요한 연구를 수행했습니다. 연구자들은 사람으로 자신의 생각과 충동을 통제할 수 있게 하는 '관리 기능'(executive function)을 측정하고자 했습니다. 이는 쉽게 말해, 우리가 원하는 것이라면 무엇이든 아무 때나 이기적으로 움켜쥐려는 욕망에서 스스로를 통제하는 기능입니다.

이 연구 결과는 정신이 번쩍 들게 만듭니다. "태어나서부터 32세가 되기까지 자신의 충동과 관심을 더 잘 통제할 수 있었던 아이들은, 범죄를 저지를 가능성이 네 배나 적었고, 마약에 중독될 가능성이 세 배나 적었으며, 편부모가 될 가능성이 절반으로 줄어들었다."[4]

또 이 연구는 성인들에게 이기심이 끼치는 장기적이고 부정적인 여러 결과를 발견했습니다.

---

4   Richard P. Fitzgibbons, "Selfishness in Youth," Child Healing: Strengthening Families, http://childhealing.com/articles/selfishchild.php

- 성공적인 사랑의 관계를 유지하지 못함
- 삶에서 외로움과 극심한 슬픔을 느낌
- 과도한 분노가 인간관계에 해를 끼침
- 타인을 인격이 아닌 이용 대상으로 대함
- 자녀나 배우자를 잘 돌보지 못함
- 약물 남용
- 경제적으로 무책임함
- 신뢰의 부족[5]

자신이 하고 싶은 대로 하도록 내버려 둘 경우 우리는 이런 사람이 됩니다. 이기심은 우리를 파괴합니다. 문제는 어떻게 그것을 피할 수 있는가 하는 것입니다. 어떤 사람은 자신의 의지력을 통해서라고 답할 것입니다. 즉, 우리가 단지 우리의 초점을 타인에게 두기로 선택하면 된다는 것입니다.

그러나 유감스럽게도 계속 그렇게 하기에는 우리는 너무나 우리 자신에게 도취되어 있습니다. 신학자 W. 폴 존스(W. Paul Jones)는 우리가 가진 딜레마를 이렇게 표현합니다. "이기적인 존재는 비이기적인 존재가 되기를 바랄 수도 없다."[6] 우리의 본성은 매우 자기중심적이어서 비이기적인 삶을 선택할 수 있는 유일한 경우는, 그렇게 하면 얻는 것이 있을 때뿐입니다. 역

---

5 같은 곳.
6 W. Paul Jones, "Intentional Failure: The Importance of the Desert Experience," *Weavings* 7, no. 1 (January/February 1992), 20.

설적이게도 우리의 의지는 우리의 가장 기본적인 욕구를 변화시킬 능력이 없습니다. 그것은 우리의 '자아'를 내면에서부터 바꿀 수 없습니다.

이런 변화는 외부로부터의 도움을 필요로 합니다. 예수님은 이기심으로 하나님과 이웃을 경시하는 것에서 우리를 구원하기 위해 오셨습니다. 십자가에서 그분은 기꺼이 자신의 피로 우리의 이기심에 대한 죗값을 치르셨고, 곧 우리를 위해 죽으셨습니다. 우리가 믿음으로 그분의 용서하시는 사랑을 우리 삶에 적용하면, 그 사랑은 우리의 의지만으로는 결코 할 수 없었던 일을 우리를 위해 이루어 주십니다. 그 사랑은 우리 마음의 본성을 근본적으로 바꾸십니다. 그로 인해 우리는 이기적 욕심을 따라 살았던 삶을 용서받고, 헌신적으로 섬길 자유를 얻습니다. 시간이 지날수록 성령님은 우리의 부패한 중심을 그리스도를 닮도록 변화시키십니다. 이런 방법으로 굿피플은 하나님의 백성이 됩니다.

섬기기 위한 구원

사도 바울은 이렇게 말합니다. "너희는 그 은혜에 의하여 믿음으로 말미암아 구원을 받았으니 이것은 너희에게서 난 것이 아니요 하나님의 선물이라 행위에서 난 것이 아니니 이는 누구든지 자랑하지 못하게 함이라 우리는 그가 만드신 바라 그리스도 예수 안에서 선한 일을 위하여 지으심을 받은 자니 이 일은 하나님이 전에 예비하사 우리로 그 가운데서 행하게 하려

하심이니라."⁷

우리가 구원받은 것은 섬기기 위해서입니다. 당신은 하나님께서 왜 당신이 믿음으로 예수님의 용서를 받아들여 그리스도인이 된 그 순간에 당신을 천국으로 데려가시지 않았는지에 대해 궁금해할지도 모릅니다. 하나님께서는 왜 당신을 이 세상에서 겪는 모든 심적 고통과 문제에서 건져 내 곧바로 영원한 행복으로 옮기시지 않았을까요?

당신이 아직 이 세상에 존재하는 것은 이유가 있기 때문입니다. 곧 하나님께서 당신의 삶의 방식이 되도록 준비해 놓으신 선한 일들을 하기 위해서 입니다. 그것이 당신의 삶의 목적입니다. 하나님께서는 당신이 이룰 크고 작은 일들을 예비해 놓으셨습니다. 당신이 해야 할 일은 하나님께서 미리 마련해 놓으신 섬김의 모험이 어떤 것인지를 볼 수 있도록 마음을 열어 놓는 것입니다.

우리 모두는 하나님께서 어떤 모험을 준비해 놓으셨는지 알고 싶어 합니다. 어느 날 밤 나는 당시 일곱 살이었던 딸 제인을 침대에 데려다 주었습니다. 우리는 책을 읽는 대신 모든 불을 끄고 문을 닫고서 별들을 보기로 했습니다. 그것은 어둠 속에서 빛나는 방 천장의 작은 야광 별들이었습니다. 몇 분이 지난 후 우리는 별들의 서로 다른 모양에 대해 이야기하기 시작했습니다. "저기 보세요." 딸이 말했습니다. "저건 뿔이 달린 사슴처럼 보여요." "저것 보이니?" 내가 말했습니다. "저건 북두칠성처럼 생겼네."

한동안 별을 바라보다 우리는 조용해졌습니다. 딸이 잠들었나 보다 생

---

7   엡 2:8-10.

각할 때 제인이 제게 몸을 돌리며 말했습니다. "아빠, 제가 나중에 뭐가 될 것 같아요?"

참 애틋한 순간이었습니다. 다행스럽게도 나는 미리 생각해 둔 것이 있어 조용히 말해 주었습니다. "너는 특별한 사람이 될 거야. 하나님께서는 네가 할 수 있는 특별한 일을 준비해 두셨거든." 그 말만으로도 딸에게는 충분했습니다. 나는 솔직히 그것이 정확하게 무엇인지는 모르지만, 그 말이 사실이라는 것은 압니다. 당신에게도 그것은 사실입니다.

모든 성도가 지닌 자격

하나님께서는 당신이 할 수 있는 특별한 일을 준비해 두셨습니다. 하나님께서는 당신을 영적 지도자가 되도록 창조하셨지만, 그렇다고 당장 나가 성직복을 구입할 필요는 전혀 없습니다. 그리스도께서 오시기 전 하나님께서는 몇몇 사람을 택해 하나님의 백성인 이스라엘의 영적 지도자가 되게 하셨습니다. 선택 받은 그들은 제사장이 되었습니다. 그들은 "특별한 훈련을 받고, 특별한 옷을 입었으며, 특별한 언어를 사용하고 특별한 방식으로 살았기에"[8] 다른 사람들과 구분되었습니다. 그들이 맡은 특별한 역할은 종교적 의식을 집례하고, 공적인 기도를 드리며, 백성들을 위해 속죄의 제사를 드리는 것이었습니다. 그 시대에는 무엇인가 해야 할 종교적인 일이 있으면,

---

[8] Frank Viola and George Barna, *Pagan Christianity? Exploring the Roots of Our Church Practices* (Carol Stream, IL: Tyndale, 2008), 108 [프랭크 바이올라, 조지 바나, 『이교에 물든 기독교』, 이남하 역 (서울: 대장간, 2012)].

제사장이 그것을 이끌거나 감독했습니다. 그들은 백성들을 하나님과 연결하는 '중재자들'이었습니다.

그러나 그리스도께서 오시자 이 모든 것이 바뀌었습니다. 예수님은 자신을 따르는 사람들을 위해 새 시대를 여셨습니다. 평범한 어부였으나 이후 예수님의 수제자가 된 베드로는, 매일의 삶에서 그리스도를 따르는 사람들에게 보낸 편지에서 이 새로운 시대의 삶의 방식을 이렇게 묘사했습니다. "너희는 택하신 족속이요 왕 같은 제사장들이요 거룩한 나라요 그의 소유가 된 백성이니 이는 너희를 어두운 데서 불러 내어 그의 기이한 빛에 들어가게 하신 이의 아름다운 덕을 선포하게 하려 하심이라."[9]

어떤 사람은 이 구절에 두드러기를 일으킵니다. 당신은 이렇게 말할지도 모릅니다. "잠깐만요. 나는 제사장이 될 수 없어요. 그럴 자격이 없습니다." 이 새 시대의 굉장한 특징은, 그런 것이 아무런 문제가 되지 않는다는 것입니다. 하나님은 이미 자격을 갖춘 사람을 부르시지 않기 때문입니다. 반대로 하나님은 먼저 부르신 후 자격을 주십니다. 분명한 사실은, 예수님과 참된 관계에 있다면 그 일을 시작하기에 이미 충분하다는 것입니다.

많은 목회자와 평신도가 아직 이 점을 이해하기 위해 노력하고 있습니다. 내가 처음 목사로 섬기기 시작했을 때 나는 내가 수행해야 할 특별한 역할이 있음을 알게 되었습니다. 내가 섬기던 교회의 회중은 배구 경기, 통돼지 구이, 이사회 같은 공식적인 행사를 시작하기 전에 대표로 기도할 사람을 필요로 했습니다. 설교하고, 세례를 주고, 아픈 사람을 심방하고, 장례식

---

9 벧전 2:9.

을 집례하고, 결혼식을 주례하고, 청년들을 가르치고, 고집 센 사람들에게 복음을 전하고, 근심에 빠진 사람에게 조언하고, 가난한 사람을 돕고, 개인적인 어려움 속에 있는 사람들의 손을 잡아 주는 것이 내 일이었습니다. 이 모든 일은 한 번에 기억하는 것조차 벅찬 일이어서 나는 머릿속에서 그 목록을 세 가지로 간추렸습니다. 곧, 부화시키고, 짝을 짓게 하고, 보내는 일입니다. 물론 교인들도 할 일은 있습니다. 행사에 참석하고 약간의 돈을 헌금하는 일입니다.

업무 설명서에는 기록되어 있지 않은 많은 일을 하고 있음을 깨달았을 때 나는 '그래서 내가 이리도 피곤했군!' 하고 생각했습니다. 그것은 마치 구약성경 시대로 돌아간 것이나 다를 바 없었습니다. 교인들이 보기에 목회자와 교회의 유급 직분자들은 마치 '제사장'과도 같은 존재였습니다. 그들은 나머지 교회 회중이 누리지 못하는 하나님과의 특별한 관계를 누리는 사람들이기 때문에 모든 영적인 일을 하는 것은 당연히 그들의 몫이었습니다. 그들은 이렇게 말하곤 했습니다. "그건 목사님이 하실 일이지. 우리는 자격이 안 되잖아."

그들을 변호하자면, 그들이 그렇게 생각하는 것은 '만인 제사장직'이라는 성경적 진리를 아무도 가르쳐 주지 않았기 때문일 것입니다. 만인 제사장직은 간단히 말해 그리스도를 따르는 사람은 누구나 그리스도의 제사장이라는 것입니다. 즉, 주님의 몸 된 교회의 지체라면 누구나 예외 없이 주님의 몸 된 교회의 사역자입니다. 그리스도를 위해 교회의 사역을 담당할 자격을 부여하는 것은 신학교 졸업장이 아니라 그 사람이 예수님과 맺은 인격적 관계입니다. 예수님은 "너희가 나를 택한 것이 아니요 내가 너희를 택하여 세웠나니 이는 너희로 가서 열매를 맺게 하고 또 너희 열매가 항상 있게 하려 … 함이라"[10]라고 말씀하셨습니다.

주님께서 계획하신 기독교는 결코 대부분의 사람이 앉아 구경만 하는 스포츠 경기가 아닙니다. 성도는 가만히 앉아 좌석만 채우는 사람이 아닙니다. 주님께서 택하신 당신은 팀원이 되어 경기에 나서야 하며, 모든 성도에게는 주님이 맡기시는 그 사람만의 위치가 있습니다.

18세기 영국에서 메소디스트 부흥운동이 시작되었을 때, 웨슬리는 이 오래된 진리를 재발견해 그것이 지닌 영적 성장을 위한 잠재력을 충분히 활용했습니다. 초기 메소디스트 부흥운동은 해마다 두 배로 성장했고, 웨슬리는 어머니의 조언을 받아들여 남녀 평신도들이 소그룹 모임인 속회를 이끌 뿐 아니라, 더 큰 규모인 신도회 집회에서 설교하게 했습니다. 그는 정식으로 신학 교육을 받지 못해 영국 국교회에서 자격을 부여 받지 못한 사람들에게 사역의 문을 열어 준 것으로 인해 많은 비난을 받았습니다. 그를 비난한 사람 중에는 동생 찰스도 있었습니다. 그럼에도 웨슬리는 개의치 않고 자신만의 자격 검증 과정을 마련했습니다. 웨슬리는 그들이 용서하시는 하나님을 알고 있는지, 사역을 위한 은사가 있는지를 물었을 뿐 아니라, "그들에게 열매가 있는지" 확인했습니다.[11] 달리 말해, 그들이 그리스도를 믿

---

10 요. 15:16.
11 "Section III. Candidacy for Licensed and Ordained Ministry," in *The Book of Discipline of the United Methodist Church—2012*, 310 (Nashville: United Methodist Publishing House, 2012), 224.

는 믿음으로 다른 누군가를 그리스도를 위한 변화된 삶으로 이끈 적이 있는가 하는 것입니다. 만약 그렇다면 그것은 사역을 할 준비가 되었다는 증거였습니다. 더 깊은 교육과 멘토링은 사역을 하면서 병행할 수 있기 때문입니다. 웨슬리의 관심은 '사역의 현장'에서 영적인 자격을 갖춘 사람들을 최대한 많이 확보해, 새롭게 각성한 구도자와 새롭게 거듭난 그리스도인들을 돌보게 하는 데 있었습니다. 이처럼 평신도들의 영적 에너지가 사역의 현장에서 발산되자, 부흥운동은 이전보다 훨씬 더 빠르게 확산되었습니다.

사람들에게 섬김을 위임하는 일은 두 가지의 유익이 있었습니다. 부흥운동에 활력을 불어 넣었을 뿐 아니라, 각 사람의 영혼의 필요를 만족시킨 것입니다. 웨슬리는 이 점을 일찌감치 발견했습니다. 젊은 시절 그는 귀족 출신의 가톨릭 신자 드 렌티(Monr. de Renty, 1611~1649)[12]의 생애와 글에 감명을 받았습니다. 드 렌티는 스물일곱 살에 그리스도를 만나는 생생한 경험을 한 후, 가난한 사람들을 돌보고 또 진정으로 거룩한 삶을 살고자 노력하는 사람들을 위해 작은 신도회 모임들을 설립하는 데 일생을 바쳤습니다.[13] 드 렌티가 모국 프랑스에서 만든 신도회는, 약 한 세기가 지난 후 웨슬리가 익숙하게 알고 있었던 영국의 신도회와 유사했습니다. 그러나 단 한 가지 중요한 차이가 있었습니다.

영국의 신도회 모임은 영적인 성장의 최종적 결과가 다른 사람을 섬기는 것이라고 생각했습니다. 그러나 드 렌티에게는 다른 사람을 섬기는 것

---

12 Henderson, *John Wesley's Class Meeting*, 47.
13 같은 책, 48.

이 영적으로 성장하는 길이었습니다.[14] 웨슬리는 일찍부터 드 렌티의 생각에 동의해, 다른 사람의 필요를 돌보는 일이 사람을 변화시키는 하나님의 은혜를 받게 하는 방편이 된다는 확신을 메소디스트 부흥운동의 DNA에 포함시켰습니다. 그는 그러한 섬김을 '자비의 사역'으로 부르면서, 메소디스트들이 거룩함 안에서 성장해 나가기 위한 방편으로 그런 사역에 참여할 것을 강력히 독려했습니다.

모두가 참여하게 하라

거룩함은 다른 사람들을 사랑하는 것과 직접적으로 연결되어 있습니다. 릭 워렌의 『목적이 이끄는 삶』(The Purpose Driven Life, 디모데)에 나오는 멋진 첫 문장처럼, "이것은 당신에 관한 것이 아닙니다."[15] 이는 내가 날마다 들어야 할 말입니다. 만약 우리를 그냥 내버려 둔다면, 우리는 자신이 셀피시(shellfish)하다는 것을 보지 못하는 여자아이와 다를 바 없는 상태가 됩니다. 사람들이 날마다 자신만 위하던 것에서 타인을 위하는 '섬김'으로 나아가도록 도우려면, 어떤 그룹이나 교회든 다음의 세 단계 과정을 활용할 수 있습니다.

---

14 같은 책, 50.
15 Rick Warren, *The Purpose Driven Life* (Grand Rapids: Zondervan, 2002), 17 [릭 워렌, 『목적이 이끄는 삶』, 고성삼 역 (서울: 디모데, 2010)].

1. 섬김과 영적 은사에 대해 가르치라

제가 스프링필드 제일연합감리교회로 옮겨간 후에 한 첫 시리즈 설교는 섬김에 관한 것이었습니다. 그해 가을 몇 주 동안 우리는 예수님을 따라 섬기는 자가 되기 위한 성경적 토대를 놓았습니다. 우리가 함께 나눈 핵심 진리는 다음의 것들입니다.

- 아무런 움직임이 없던 믿음에 시동을 걸기 위해 "저를 사용해 주소서"라는 위험한 기도를 드리세요.
- 지구 상에 있는 사람의 수가 칠십 억이라고 한다면, 하나님의 "떨기나무 불꽃"의 갯수는 그리스도인 모두를 합한 수입니다.
- 그리스도인은 누구나 제사장입니다.
- 우리는 다른 사람을 섬김으로 그리스도 안에서 성장합니다.
- 그리스도를 믿는 모든 신자에게는 발견하고 사용하며 발전시켜야 할 영적인 은사가 적어도 하나 이상씩 있습니다.

교회의 성도들이 섬김의 중요성을 더 확실히 깨달을 수 있게 하기 위해 우리는 매주 예배 시간마다 성도의 직접적인 간증 또는 영상 간증을 듣는 시간을 가졌고, 간증자들은 저마다 섬김을 통해 새롭게 발견한 기쁨을 표현했습니다. 또 우리는 소그룹 모임과 주일학교에서 섬김의 기쁨에 대한 학습 안내서를 공부하도록 격려해, 그 모임들을 통해 자신이 배운 내용을 내면화하고 소화할 수 있게 했습니다.

2. 자신만의 영적 은사를 발견하도록 도우라

대부분의 사람은 하나님께서 얼마나 섬김에 전념하시는지 잘 알지 못합니다. 나 역시 그랬습니다. 하나님은 우리를 이기심에서 구하시기 위해 예수님을 보내시고, 그리스도 안에서 우리를 새롭게 창조해 다른 사람을 섬기게 하시며, 우리가 행할 선한 일을 미리 예비하셨습니다. 그뿐 아니라, 그리스도를 믿는 모든 신자에게 그렇게 섬길 수 있는 특별한 능력을 주십니다. 우리가 그리스도를 믿는 믿음으로 구원받은 것은, 하나님께서 주시는 영적 은사를 통해 섬기기 위해서입니다.

이것은 나에게 새로운 깨달음이었습니다. 나는 교회에서 자라 교회와 연관된 대학을 4년간 다녔고 신학대학원에 4년이라는 시간을 투자했음에도, 하나님께서 각 개인에 대해 갖고 계시는 섬김의 계획에 대해서는 전혀 들어 본 적이 없었습니다. 그리스도의 제자로서 내가 다른 사람을 섬기기 위한 은사를 받았음을 알게 된 것은 그 이후였습니다. 나는 영적인 은사가 하나님께서 그분의 목적을 진전시키기 위해 모든 그리스도의 제자에게 주시는 초자연적 능력임을 알게 되었습니다. 성경은 그 사실을 다음과 같이 묘사합니다. "은사는 여러 가지나 성령은 같고 … 또 사역은 여러 가지나 모든 것을 모든 사람 가운데서 이루시는 하나님은 같으니 각 사람에게 성령을 나타내심은 유익하게 하려 하심이라."[16]

영적인 은사에 대해 자세히 다루는 일은 이 책의 목적에서 벗어납니다.

---

16 고전 12:4, 6-7.

지금 여기서는 단지 어떻게 영적인 은사들이 작용하는지를 간단히 설명하려 합니다. 그리스도를 믿는 모든 신자는 성령께서 주시는 영적인 은사를 적게는 하나, 많은 경우 서너 가지의 은사를 함께 받습니다. 그리고 그 모든 은사는 예수님의 속성과 일치합니다. 이 세상에 계실 때 예수님은 자비, 복음 전도, 가르침, 치유, 지도력, 환대, 섬김, 그외에 수많은 다른 은사를 나타내셨습니다.[17] 이제 예수님은 육체로는 이 세상에 계시지 않지만, 하나님께서는 이러한 은사들 중 하나 또는 그 이상을 그리스도의 모든 제자에게 나누어 주심으로 서로를 섬기게 하십니다.[18] 모든 은사를 가진 사람은 아무도 없습니다. 그러나 주님의 몸에 속한 지체라면 누구나 적어도 한 가지의 은사는 가지고 있습니다. 그리고 이것이 우리가 서로를 필요로 하는 이유입니다.[19]

각각의 모든 신자는 그리스도의 몸에 결코 없어서는 안 될 필수적인 기관입니다.[20] 당신에게 폐 한 쪽이 없거나 콩팥이 바르게 작동하지 않으면 당신의 몸 전체는 완전한 기능을 할 수 없습니다. 이처럼 당신이 당신만의 고유한 은사를 발견하고 활용하지 않는다면 그리스도의 몸 역시 온전한 역량을 발휘할 수 없습니다.

---

17 영적인 은사에 대해 모두가 일치하는 합의된 목록이 존재하는 것은 아니다. 신약성경에서 찾을 수 있는 영적인 은사에 관한 네 개의 핵심 구절은 롬 12:1-8; 고전 12장; 엡 4:4-16; 벧전 4:9-11이다.
18 "각각 은사를 받은 대로 하나님의 여러 가지 은혜를 맡은 선한 청지기 같이 서로 봉사하라" (벧전 4:10).
19 "각 사람에게 성령을 나타내심은 유익하게 하려 하심이라" (고전 12:7).
20 "몸은 하나인데 많은 지체가 있고 몸의 지체가 많으나 한 몸임과 같이 그리스도도 그러하니라 … 너희는 그리스도의 몸이요 지체의 각 부분이라" (고전 12:12, 27).

우리 중 대부분은 자신의 은사를 발견하는 일에 도움을 필요로 합니다. 앞서 언급한 섬김에 관한 시리즈 설교를 진행하는 동안, 우리는 토요일 오전에 "당신의 영적인 은사를 발견하라"라는 제목의 두 시간 짜리 강좌에 사람들을 초대했습니다. 주일학교와 소그룹 모임 역시 계속해서 영적인 은사에 대한 성경구절을 살펴보고, 그 은사들이 그리스도의 몸 안에서 어떻게 작용하는지에 대해 토론하며, 자신이 어떤 은사를 가졌는지 알아볼 수 있도록 영적인 은사의 목록을 만들 수 있는 훌륭한 환경이 됩니다. 이런 경우 은사를 발견하기 가장 좋은 방법은, 자신이 속한 소그룹이나 함께 강좌를 듣는 사람들에게 물어보는 것입니다. 우리가 오랜 시간 몇 명의 사람과 삶을 함께하다 보면, 그들이 우리보다 먼저 우리 삶에서 나타나는 은사를 알아볼 수도 있습니다.

3. 영적인 은사를 사용하도록 도우라

누군가가 자신의 은사가 무엇인지 어렴풋하게나마 알게 되면, 그들이 그 은사를 활용할 수 있도록 도와주어야 합니다. 가장 먼저 시작하기에 좋은 방법은 교회에서 봉사할 수 있는 기회의 목록을 만드는 일입니다. 이때 그 봉사 기회를 그 활동과 관련된 영적인 은사 항목 아래에 제시하는 것이 가장 좋습니다. 예를 들어, 병원 방문은 '자비의 은사'라는 항목 아래에 두고, 방문자 맞이와 안내는 '환대'라는 항목 아래 두는 것입니다. 한 번도 교회에서 섬겨 본 적이 없는 사람들을 섬김 사역에 참여시키는 데 매우 유용한 방법은 '퍼스트 서브'(First Serve) 기회를 활용하는 것입니다. 즉, 단기간 특정한 봉사에 참여해 직접 경험해 볼 수 있는 기회를 주는 것입니다. 이를 활용해 교회 봉사에 참여하는 것은 자신에게 어떤 사역이 잘 맞는지 알아볼 수 있는 좋은 방법이 됩니다. 만약 잘 맞지 않을 경우에는 또 다른 분야의 섬김 사역에서 '퍼스트 서브'를 시도해 볼 수 있습니다.

이 모든 과정은 목자의 지도가 있을 때 최선의 결과를 가져옵니다. 우리는 분별력이나 돕는 은사를 지닌 성도들을 통해, 그들이 지닌 영적인 은사와 그들이 참여하면 가장 좋을 만한 섬김의 분야를 연결해 주도록 도와줍니다. 우리 교회의 목자들은 은사 식별 과정을 통해 사람들에게 잘 맞는 섬김 사역의 '스위트 스폿'(sweet spot, 야구나 테니스 등 구기 종목에서 공을 가장 빠르고 정확하게 목적한 곳으로 보낼 수 있는 최적 타점-역주)을 발견하도록 돕는 훈련을 받습니다. 사람들이 첫 번째 시도에서 가장 잘 맞는 스위트 스폿을 찾는 경우는 매우 드물기 때문에, 우리의 목자들은 또 다른 기회를 제안해 주고, 그들에게 가장 잘 맞는 최적지를 발견할 때까지 계속 노력하도록 격려해 줍니다. 만약 그래도 적합한 섬김의 영역을 찾을 수 없다면, 그것은 그 사람의 은사와 개성과 마음의 열정에 어울리는 새로운 사역을 만들라는 신호일지도 모릅니다.

지금까지의 이야기에서 알 수 있듯, 우리가 섬김 사역을 대하는 관점은 180도 다릅니다. 우리가 은사에 기반한 섬김 사역에 접근하는 방법은, 섬김을 받을 대상의 필요보다 섬기는 각 사람의 필요에 초점을 맞춥니다. 오늘날 대부분의 사람은 교회당의 빈자리를 채우는 데 관심이 없습니다. 그들은 단지 하나님이 정말 계신지, 하나님이 자신에게 정말 관심을 가지시는지, 그리고 자신의 삶에 더 중요한 목적이 있는지 알고 싶을 뿐입니다. 그들이 그 목적을 성취하도록 개별적으로 도울 수 있는 최선의 방법은 하나님께서 그들에게 주신 은사에 부합하는 방법으로 섬길 기회를 주는 것입니다.

각기 다른 규모와 영적 유산을 지닌 1천 개 교회, 25만 명의 교인과 예배 참석자를 설문 대상으로 진행한 한 최근 연구는, "교회가 제공한 신앙 성장의 가장 중요한 촉매는 섬김의 기회"[21]라는 사실을 밝혀냈습니다. 누군가가 영적인 구도자의 위치에 있든 그리스도 중심의 성숙한 신앙의 단계에 이르렀든, 그가 속한 영적 여정의 모든 단계에서 영적 성장을 가능하게 하는 것이 섬김의 기회입니다. 사실 어떤 잘 조직된 소그룹 모임이나 예배보다 영적 성장에 더 큰 영향을 끼치는 것이 섬김입니다.[22]

만약 우리가 시간을 따로 들여 누군가와 함께 앉아 "하나님께서는 당신을 어떤 사람이 되게 하셨습니까?"라고 물어본다면 어떤 일이 생길까요? 하나님께서 그에게 주신 꿈이 펼쳐지는 장면을 상상해 보십시오. 섬김에 대해 제도적이 아닌 개인적 필요의 관점에서 접근하면 우리는 누군가의 팔을 비틀어 가며 봉사를 강요할 필요가 없습니다. 우리는 단지 사람들이 자신을 표현하도록 도울 따름입니다. 그리스도의 몸을 위해 필요한 은사가 어떤 것인지에 대해서는 성령께서 우리보다 더 잘 아시기 때문입니다.

팀(Tim)이 깨달은 것이 그것입니다. 목자로서 섬기던 그는 어느 날 일

21　Greg L. Hawkins and Cally Parkinson, *MOVE: What 1,000 Churches Reveal about Spiritual Growth* (Grand Rapids: Zondervan, 2011), 116 [그렉 호킨스, 캘리 파킨슨, 『무브』, 박소혜 역 (서울: 국제제자훈련원, 2013)].
22　같은 곳.

을 끝내고 저스틴과 앉아 33세의 남편이자 아버지이자 엔지니어인 그가 어떤 영역에서 섬기고 싶은지 이야기를 나누었습니다. 그러던 중 팀이 "그리스도인이 되신 지 얼마나 되었나요?"라고 묻자, 저스틴은 "그것에 대해 이야기를 나누면 좋겠습니다"라고 대답했습니다.

저스틴은 어떤 시간을 특정해서 말하지는 못했습니다. 교회에 다니다 떠나는 것을 자주 반복했기 때문입니다. 이야기를 나누면서 팀이 복음의 기초적인 내용을 알려 주자, 저스틴은 그리스도를 인격적으로 알고 싶다는 소망을 표현했습니다. 팀이 그에게 하나님께 전적으로 자신을 드리는 기도를 함께 하기 원하는지 묻자, 저스틴은 "네, 원합니다"라고 대답했습니다.

그 후에 일어난 일은 두 사람 모두 결코 잊지 못할 것입니다. 팀은 이렇게 말했습니다. "그도 눈물을 흘렸고, 나도 눈물을 흘렸어요. 그는 몇 번이나 나에게 고맙다고 했고, 나도 그에게 믿음의 출발선을 넘어서도록 도울 기회를 준 것에 대해 고마움을 표현했습니다. 앞으로 저스틴과 나는 몇 주 동안 함께 요한복음을 읽고 그것에 대해 이야기를 나누기로 했어요."

이 이야기를 들었을 때 나는 매우 놀라 믿기 힘들 정도였습니다. 저스틴은 그 이후로 자신의 은사를 발견했고, 교회에서 훌륭하게 봉사하는 사람이 되었습니다. 그는 언제나 큰 기쁨으로 봉사에 참여합니다. 저는 그를 볼 때마다 미소를 짓게 됩니다. 우리가 영적인 은사를 통해 봉사할 때 일어나는 일이 바로 이러한 변화입니다. 이런 일이 더 광범위하게 일어나면 어떤 일이 일어날지 한번 상상해 보세요.

기도

주님, 저를 사용해 주세요.

주의 말씀을 내 마음에 두었나이다

"우리는 그가 만드신 바라 그리스도 예수 안에서 선한 일을 위하여 지으심을 받은 자니 이 일은 하나님이 전에 예비하사 우리로 그 가운데서 행하게 하려 하심이니라" (엡 2:10).

7장 세계로 나아가라

"나는 온 세상을 나의 교구로 여깁니다."

– 존 웨슬리

한 편지에 기록된 이 말은, 브리스톨에 위치한 올세인츠교회의 교육목사 조시아 터커(Josiah Tucker)의 심한 비난에 웨슬리가 응수한 것입니다. 웨슬리가 올더스게이트에서 마음이 뜨거워지는 경험을 한 지 1년이 지난 1739년, 웨슬리와 그의 친구 조지 휫필드는 영국의 거의 모든 국교회 강단에서 설교를 금지당했습니다. 그들이 열정적으로 전한 믿음으로 얻는 구원의 메시지를 냉랭한 영국 국교회가 감당할 수 없었던 것입니다. 그들은 단념하지 않고 건물이 아닌 사람들을 찾아갔습니다. 사람들의 반응은 한마디로 충격적이었습니다. 그들이 언덕이나 장터에서 설교할 때면 사방에서 3천에서 1만 7천 명 사이를 오가는 많은 사람이 몰려와 복음을 들었습니다. 그러면 웨슬리는 영적으로 각성한 사람들을 즉시 수십 명의 신도회로 조직할 뿐 아니라, 각 신도회를 더 작은 소그룹으로 묶어 주어 함께 모여 기도하고 서로의 영적 상태에 대해 책임을 지게 했습니다.[1]

1　Heitzenrater, *Wesley and the People Called Methodists*, 110-11.

터커 목사의 불만은 웨슬리와 휫필드가 불법을 행한다는 것이었습니다.² 당시 영국은, 마치 미국의 각 지역이 주로 나누어진 것과 유사하게 교구로 나뉘어 있었고, 각 교구에는 하나의 교구 교회가 있었습니다. 한 교구의 범위 내에 사는 모든 사람은 그 교구 교회에 속해 있었고, 성직자가 다른 교구의 '양을 도둑질'하는 일은 엄격히 금지되어 있었습니다. 터커는 웨슬리와 휫필드 두 사람이 분명히 그 규정을 어기고 있다고 생각했습니다. 터커와 브리스톨 주교 조셉 버틀러(Joseph Butler)의 비난에 대한 웨슬리의 답변은 이후 메소디스트들의 구호가 되었습니다.

웨슬리는 편지를 통해 하나님께서 자신을 설교자로 부르셨다고 설명했습니다. 자신은 옥스퍼드 대학교의 교수이기에 특정 교구에 매이지 않고 영국 국교회 전체를 대상으로 말씀을 전할 수 있다는 것이었습니다. 그런 의미로 "나는 온 세상을 나의 교구로 여깁니다"라고 적었던 것입니다.³

부흥운동이 점점 더 빠르게 멀리 확산되어 가자, 그 말은 훨씬 더 큰 중요한 의미를 띠게 되었습니다. "온 세상이 나의 교구다"라는 말은 이제 전 세계에 있는 웨슬리안 그리스도인들에게 좌우명과도 같은 것이 되었습니다. 이 말은 메소디스트들이 처음부터 가졌던 선교적 정신을 표현할 뿐 아니라, 그리스도를 통해 온 세상을 구원하시려는 하나님의 계획을 반영하고 있습니다. 웨슬리처럼 우리가 성령의 인도하심을 따른다면, 우리 역시 세계로 나아갈 수 있습니다. 지금처럼 그것이 수월했던 적은 결코 없습니다.

---

2 같은 책, 112.
3 같은 곳.

완전히 새로운 세상

우리는 과거에 없었던 시대를 살고 있습니다. 인터넷과 소셜 미디어는 모든 개인이 이전에는 상상조차 할 수 없었던 개인 플랫폼을 가질 수 있게 해 줍니다. 이것이 어느 정도인지 가늠하기 위해, 2015년 6월에 가장 인기 있었던 트위터 계정 세 개를 예로 들어 보겠습니다.

@케이티 페리: 7,141만 팔로워
@저스틴 비버: 6,492만 팔로워
@버락 오바마: 6,074만 팔로워[4]

케이티 페리는 몇 초 안에 최대 140자까지의 개인적인 메시지를 전 세계 7,100만 명의 친구에게 보낼 수 있습니다. 알다시피 페리는 국가원수도 아니고, 다국적 회사의 최고경영자나 세계적인 비정부기구(NGO)의 경영자도 아닌 팝 스타입니다. 그런데 그녀는 순식간에 반복적으로 미국 대통령보다 많은 사람과 소통할 수 있습니다. 물론 당신은 글로 메시지를 전하는 것에 별로 관심이 없을지도 모릅니다. 당신은 사진 공유하기를 좋아하는 셀카의 여왕이나 사진의 제왕일 수도 있습니다. 그렇다면 당신은 2010년 후반부터 인스타그램을 활발하게 사용해 온 3억 명의 사람에게 영감을 받을

---

[4] "Twitter Accounts with the Most Followers Worldwide as of June 2015 (in Millions)," Statista: The Statistics Portal, 2015년 6월 29일에 접속함, http://www.statista.com/statistics/273172/twitter-accounts-with-the-most-followers-worldwide/.

수도 있습니다. 이 사진 공유 앱은 이야기가 담긴 사진과 동영상으로 '현재 일어나는 일을 곧바로 세상에 알릴' 수 있게 합니다.[5] 당신이 너무 많은 사진을 공유하고 있는 것은 아닌지 걱정되나요? 걱정 마시기 바랍니다. 인스타그램 사용자들은 매일 7천만 개의 사진을 공유하고, 그것은 그 데이터베이스에 저장되어 있는 300억 개의 사진에 추가됩니다.[6]

우리 중에는 더 많은 사람과 연결되고 싶어 하는 사람이 분명히 있을 것입니다. 그렇다면 한 대학교 기숙사에서 부수적인 작은 프로젝트로 시작된 페이스매시(Facemash)에 대해 들어 보았을 것입니다. 지금 그것은 세상에 다른 이름으로 알려져 있습니다. 가장 최근의 수치를 보면, 14억 4천만 명이 페이스북을 활발하게 사용하고 있고, 사용자 수는 급격히 늘고 있습니다.[7] 만약 그것이 나라였다면, 중국에 조금 못 미치는 세계에서 두 번째로 인구가 많은 나라가 되었을 것입니다.[8] 2004년에 설립된 페이스북의 목적은 "사람들이 공유할 수 있게 함으로 더 개방되고 연결된 세상을 만드는 것"[9]입니

---

5   Vindu Goel, "Instagram Takes on Twitter with an Updated Photo Feed," Times Live, June 24, 2015, *Times* Live, June 24, 2015, http://www.timeslive.co.za/scitech/2015/06/24/Instagram-takes-on-Twitter-with-an-updated-photo-feed.
6   IANS, "Instagram Beats Twitter in Active Users," *New Indian Express*, December 20, 2014, http://www.newindianexpress.com/lifestyle/tech/Instagram-Beats-Twitter-in-Active-Users/2014/12/11/article2566254.ece.
7   "Number of Monthly Active Facebook Users Worldwide as of 1st Quarter 2015 (in Millions)," Statista: The Statistics Portal, accessed June 30, 2015, http://www.statista.com/statistics/264810/number-of-monthly-active-facebook-users-worldwide/.
8   Lev Grossman, "Inside Facebook's Plan to Wire the World: Mark Zuckerberg's Crusade to Put Every Single Human Being Online," *TIME*, December 15, 2014, 32.
9   "Facebook Reports Third Quarter 2014 Results," Facebook Investor Relations, October 28, 2014, http://invester.fb.com/releasedetail.cfm?ReleaseID=878726.

다. 전 세계와 공유하기 원하는 우리의 바람을 현실로 만들기 위해 페이스북은 70개의 언어를 사용 가능하게 했습니다. 이는 페이스북 이용자의 75퍼센트가 미국 밖의 사람들이기에 반드시 필요한 조치이기도 합니다.[10] 이 모든 내용을 함께 놓고 보면, 이 통계 수치들은 세상이 얼마나 빠르게 변하고 있는지를 짐작할 수 있게 해줍니다. 당신이 이 책을 읽을 즈음이면, 그 수치는 이미 너무나 크게 달라져 있어 당신은 아마 피식 웃을 수도 있을 것입니다. 우리는 페이스북의 공동 설립자 마크 주크버그가 고등학교를 졸업하던 2002년에는 상상도 할 수 없었던 사회적 연결이 이미 전 세계적 현상이 되어 버린 것을 보고 있습니다.

사회 혁명

급격하게 증가하는 사람 간의 연결성은 우리를 새로운 시대로 몰아가고 있습니다. 우리는 수년 전 이미 산업화 시대를 뒤로하고 정보화 시대로 뛰어들었습니다. 이제 모든 정보는 과거와는 전혀 다른 무엇인가로 변해 가고 있습니다. 어떤 사람들은 현재를 '사회화 시대'(Social Age)로 부르기도 합니다.[11] 이 새로운 현실에서 우리의 삶은 어떻게 전개될까요? 여기 사회화 혁명이 진행되고 있다는 두 가지 확실한 징표가 있습니다.

---

10   "Facebook Statistics," Statistic Brain Research Institute, April 14, 2015, http://www.statisticbrain.com/facebook-statistics/.
11   Ted Coiné and Mark Babbitt, *A World Gone Social: How Companies Must Adapt to Survive* (New York: AMACOM, 2014), xv.

1. 일반인이 목소리를 낸다

인류 역사의 이전 시대에는 한 나라나 세계의 변화에 영향을 끼치기 위해서는 명성, 부, 군사력, 정치력 등이 있어야 했습니다. 그러나 지금은 인터넷 브라우저만 있으면 가능합니다. 유명 인사, 억만장자, 스타 운동 선수가 더는 시장을 독점하지 않게 되었습니다. 누구나 인터넷에 접속할 수 있게 된 것이 동등한 조건에서의 경쟁을 가능하게 했습니다. 사이버 공간에서 당신의 링크는 다른 누군가의 것보다 더 좋거나 나쁘지 않고, 더 중요하거나 덜 중요하지 않습니다. 당신이 생각을 나누거나, 상품을 판매하거나, 공동체를 형성하거나, 무엇인가를 옹호하거나, 예술의 아름다움을 전달하거나, 군대를 모집할 수 있는 능력은 오직 당신의 창의력과 꾸준함에 달려 있습니다.

목소리를 낼 방법이 없었던 사람들이 목소리를 내기 시작하면 변화가 일어납니다. 최근 우리는 여러 정부가 트위터로 인해 몰락하는 것을 보았습니다. 2011년의 '아랍의 봄'은 민주화를 이루기 위한 대규모의 시위를 통해 수십 년간 압정을 펼쳐 온 독재자들을 물러나게 했는데, 이 모든 일은 트위터가 있었기에 가능했습니다.[12] 재계에서도 비슷한 일이 일어나고 있습니다. 한 소셜 미디어 사업가는 이렇게 말합니다. "힘의 균형이, 메시지를 통제하던 회사들에서, 좋은 것이든 나쁜 것이든 소셜 미디어를 통해 자신의 의견을 피력하게 된 고객과 직원에게로 옮겨갔습니다."[13]

이러한 힘의 이동을 확인할 수 있는 사건이 2011년 크리스마스 직후에

---

12   Leonard Sweet, *Viral: How Social Networking Is Poised to Ignite Revival* (Colorado Springs, CO: WaterBrook, 2012), 62.
13   Coiné and Babbitt, *World Gone Social*, xvi.

일어났습니다. 버라이즌(Verizon)은 일회성 온라인 청구서로 사용료를 납부하기 원하는 고객에게 2달러의 수수료를 받겠다고 발표했습니다. 정기적인 온라인 결재는 누구나 추가 비용 없이 가입할 수 있지만, 요금을 납부하기 전에 부당한 요금은 없는지 확인하려면 이에 대한 수수료를 내야 한다는 것이었습니다.[14]

그 새로운 정책은 많은 사람을 불쾌하게 했습니다. 그 이야기는 아침 일찍 알려진 후 온종일 트위터로 퍼져나갔습니다. 그날 저녁 버라이즌은 새로운 발표를 통해 전에 말한 수수료 정책을 취소했습니다. 버라이즌의 리더들은 회사의 신용을 위해, 단 하루도 지나기 전에 사람들이 격렬하게 항의하는 소리를 듣고, 그것이 실수였음을 인정하면서 결정을 번복하고 사과한 것입니다.[15] 트위터 세상의 힘을 절대 무시하지 마십시오.

온라인 활동으로 세상을 바꾸는 일에 집중하는 웹사이트 'Change.org'의 브리아나 코터(Brianna Cotter)는 그 일을 이렇게 묘사했습니다. "전에는 회사들이 호응받지 못할 정책을 발표해도 별로 문제가 되지 않는다고 생각했습니다. 그러나 오늘날에는 수만 명의 사람이 몇 시간 내에 결집해 그 정책을 바꿀 수 있게 되었습니다. 우리는 버라이즌 사태에서 바로 그것을 볼 수 있었습니다."[16] 한때 억압적인 정부, 불공정한 사업 정책, 영혼 없는 관료들을 직면해도 의지할 곳이 없었던 사람들이 이제는 자신들의 목소리를 낼 수 있게 되었습니다. 그리고 그로 인해 우리가 사는 세상이 바뀌

---

14 같은 책, 20.
15 같은 곳.
16 같은 곳.

고 있습니다.

2. 사람들이 자발적으로 연결한다

브랜던(Brandon)이 발견한 대로, 소셜 미디어는 사람들이 자발적으로 연결하게 만듭니다. 브랜던이 바란 것은 단지 할머니를 기쁘게 하는 것이었습니다. 할머니의 상황을 볼 때, 자신이 해드릴 수 있는 최소한의 것이 할머니가 가장 좋아하는 수프 한 그릇을 갖다 드리는 것이라고 생각했습니다. 그는 그것이 세계적인 관심을 끌 것이라고는 전혀 생각하지 못했습니다. 브랜던은 페이스북에 이런 글을 올렸습니다.

> 할머니는 곧 암으로 돌아가십니다. 며칠 전 할머니를 찾아뵈었는데, 할머니는 너무나 수프를 드시고 싶은데, 병원 수프는 싫고 파네라에서 파는 클램 차우더를 드시고 싶다고 하셨습니다. 안타깝게도 파네라는 클램 차우더를 금요일에만 팝니다. 나는 파네라의 매니저인 수(Sue)에게 전화를 걸어 상황을 설명했습니다. 나는 특별한 것이 아니라 단지 클램 차우더를 사고 싶을 뿐이었습니다. 그녀는 조금의 망설임도 없이 당연히 할머니를 위해 클램 차우더를 만들어줄 수 있다고 했습니다. 내가 그것을 받으러 갔을 때, 그들은 나에게 쿠키가 담긴 상자도 함께 주었습니다. 어떤 사람에게는 이것이 별것 아닐 수 있겠지만, 할머니는 큰 감동을 받으셨습니다. 나는 뉴햄프셔주 내셔아(Nashua)에 있는 파네라의 수와 나머지 직원분이 나의 할머니를 행복하게 해주신 데 대해 깊이 감사드리고 싶습니다. 정말 감사해요![17]

---

17 Tim Nudd, "How a Fan Post on Panera's Facebook Page Got Half a Million Likes," Adweek, August 14, 2012, http://www.adweek.com/adfreak/how-fan-post-paneras-facebook-page-got-half-million-likes-142716.

이 베이커리 카페 가맹점에 감사를 표하기 위해, 브랜던의 어머니는 이 게시물을 파네라의 페이스북 페이지에 공유했습니다. 그리고 이 짧은 게시물은 단 며칠만에 50만 개 이상의 '좋아요'를 받았습니다! 그 숫자가 지금은 80만 개를 넘어섰습니다. 게시물에는 그 한 번의 친절을 베푼 파네라를 칭찬하는 댓글 수가 거의 3만 5천 개에 이르렀습니다.[18]

한 프로그램에서 이 이야기를 보도했을 때 브랜던은 이렇게 말했습니다. "할머니가 페이스북이 무엇인지 아셨다면, 내가 보여 드렸을 거예요. … 할머니가 가장 두려워하시는 것은 친구 없이 돌아가시는 거예요. 할머니에게 얼마나 많은 그분의 친구가 있는지, 그리고 얼마나 많은 사람이 할머니를 위해 기도하고 있는지 보여 드릴 수 있으면 좋겠어요."[19]

나는 실업가들을 위한 한 책에서 이 이야기를 읽었습니다. 그 저자들은 어떻게 게시물 하나가 파네라와 같은 전국적인 브랜드에 긍정적인 영향을 줄 수 있었는지를 보여 주기 위해 이 이야기를 실었습니다. 내가 감동을 받은 것은 이 이야기에 담긴 인간적인 면으로, 그 게시물이 브랜던과 그의 어머니, 그리고 많은 사람의 기도를 통해 그의 할머니에게까지 끼친 영향이었습니다. 50만 명이 넘는 사람이 이 이야기에 감동을 받고 '좋아요'를 눌렀습니다. 이처럼 사람들을 연결하는 것, 바로 이것이 소셜 미디어의 힘입니다.

이런 상황에 매우 어울리는 『세상은 연결되고 있다』(*A World Gone*

---

18 같은 곳.
19 같은 곳.

Social)라는 제목의 경영 서적은 트위터가 없었다면 아예 저술이 되지 않았을 것입니다. 책을 함께 쓴 테드 코이네(Ted Coiné)와 마크 배빗(Mark Babbitt)은 미국의 서로 반대편 해안에 살고 있습니다. 그들은 트위터에서 만났습니다. 책이 출판된 후 나는 그 소식을 트위터에서 전해 들었고 나도 한 권을 샀습니다. 5년 전만 해도 이런 식의 연결은 상상도 할 수 없었습니다. 그런데 지금은 그런 일이 일상화되고 있습니다.

내가 페이스북 친구들에게 소셜 미디어를 사용하면서 가장 좋은 점이 무엇이라고 생각하는지 물어보았을 때 가장 많이 돌아온 대답은, '친구나 가족들과 연결되어 있다는 점'이라는 것이었습니다. 한 여성은 페이스북을 통해 어릴 적 친구를 찾아 45년 만에 다시 대화를 나눌 수 있었던 기쁨에 대해 이야기해 주었습니다. 몇 시간 사이에 내 질문에 답해 준 29명의 목록을 살펴보면서, 나는 그들이 내 인생의 여덟 가지 서로 다른 시기를 대표한다는 것을 알게 되었습니다. 그들 중 절반 정도는 나와 거의 만날 일이 없을 만큼의 거리에 삽니다. 우리는 전화나 문자로는 대화를 나누지 않습니다. 페이스북이 없었다면 나는 그들과 아무 연락도 하지 않고 살았을 것입니다. 페이스북을 통해 나는 지금 그들이 어떻게 살고 있는지 알고 있습니다. 그들의 유머에 웃고, 그들이 힘들어하는 것에 대해 기도하며, 그들의 아이들의 모습을 볼 수 있습니다. 우리는 날마다 일상을 공유하지는 않더라도 계속 연결되어 있습니다.

물론 사람들이 자기 목소리를 내고 세계적인 규모로 연결되는 것은 좋게도, 나쁘게도 사용될 수 있습니다. 무자비한 테러리스트 단체들이 일어날 수 있는 것은 대체로 대원 모집을 위해 소셜 미디어를 교묘하게 이용할 수 있기 때문입니다. 그리스도를 따르는 우리가 도전할 만한 일은, 예수님의 제자를 만드는 사역을 위해 소셜 미디어를 활용해 세계와 연결되는 것입니다.

세계로 나아가는 길

웨슬리 시대에는 대중 전달 매체가 인쇄기였습니다. 웨슬리는 수많은 설교, 논문, 소책자, 책을 출판해 많은 사람에게 배포함으로 부흥운동을 북돋웠습니다. 오늘날에는 트위터, 페이스북, 유튜브, 인스타그램, 스냅챗, 블로그, 그외 다양한 소셜 미디어가 10억이 넘는 사람들에게로 나아가는 통로가 됩니다. 과거와 달리 각각의 그리스도인에게는 '세상으로 나아가' 믿음을 나눌 수 있는 엄청난 기회가 있습니다. 하지만 소셜 미디어를 복음을 위해 활용하려면 먼저 그것이 어떤 방식으로 작동하는지를 이해해야 합니다.

핵심은 관계성이다

우리는 세계적인 청중을 얻을 수 있는 잠재력을 지닌 소셜 미디어를 자칫 세상을 향한 확성기로 착각하기 쉽습니다. 그러나 실제 소셜 미디어의 특징은 회상록에 더 가깝습니다. 소셜 미디어의 본질적 특성은 크게 외치는 것이 아닌 공유하는 것이기 때문입니다. 소셜 미디어를 폭발적으로 성장시킨 것은 자신을 알리고 이해받고 싶어 하는 우리의 내면적 욕구입니다. 우리는 우리의 이야기를 말하고, 생각을 나누며, 서로의 경험을 비교해 보고,

서로 연결되고 싶어 합니다. 그 핵심은 관계를 형성하는 것입니다. 소셜 미디어의 목적은 어떤 주장을 하는 것이 아닌 누군가를 대화에 초대하는 것입니다. 마치 회상록을 쓰듯, 당신은 삶에서 느낀 감동이나 겪고 있는 어려움을 공유할 수 있습니다. "아하!" 하고 깨달음을 얻은 순간이나 큰 실패, 변화의 계기들은 우리 영혼의 깊은 곳과 연결되어 있기에 훌륭한 나눌 거리가 됩니다.

최근 한 친구가 매우 슬픈 기념일을 지킨 소식을 페이스북에 소개했습니다. 그는 19년 전 자신과 아내가 유산으로 아들을 잃고 눈물 흘렸던 일을 말했습니다. 그는 현재 다른 자녀들이 있어서 감사하면서도, 당시 그들이 가졌던 희망과 집으로 데려오지 못했던 아들에 대해 지금도 남아 있는 아픔을 이야기했습니다. 이 이야기는 매우 개인적인 것이었는데, 그것이 그를 위로하기 원했던 사람들 역시 자신들의 경험을 나누도록 물꼬를 트는 역할을 했습니다. 그가 보여 준 슬픔이 다른 사람들로 유사한 경험을 나눌 수 있게 만든 것입니다. 외로운 곳에 갇혀 있는 것처럼 느꼈던 사람들이 그 순간 자신들만 그런 것이 아님을 알게 되었습니다. 그들은 서로를 이해하는 공동체가 된 것입니다. 이런 것이 소셜 미디어가 작용하는 방식입니다. 소셜 미디어 사업은 "더 개인적인 것일수록 더 보편적이다"[20]라는 인간적인 진실에 기초해 있습니다.

우리가 믿음에 대해 올리는 게시물이 더 개인적인 내용일수록 사람들을 더 가치 있는 대화로 이끌 가능성이 커집니다. 예수님은 제자들에게 "너

---

20 새들백교회의 리더 콘퍼런스 강의에서 릭 워렌 목사가 한 말.

희를 종이라 하지 아니하리니 … 친구라 하였노니"[21]라고 말씀하셨습니다. 주님의 사역은 언제나 관계성이라는 다리를 통해서만 이루어졌습니다. 사회화 시대에 이러한 현실은 몇 배나 더 중요한 것이 되었습니다.

대화에 참여하게 하라

우리 대부분은 어렸을 때부터 방송 미디어를 접해 왔습니다. 우리는 텔레비전을 켜서 그냥 봅니다. 차에 타면 라디오를 켜서 그냥 듣기만 합니다. 방송 미디어에서 우리는 매우 수동적입니다. 그런 일방적인 소통은 우리에게서 무엇을 바라지 않습니다. 우리는 거기에 집중할 수도, 딴청을 할 수도 있습니다. 많은 사람이 주일 오후에 낮잠을 자기 위해 운동 경기를 틀어 놓곤 합니다. 어떤 사람들은 주변의 세상 일에서 벗어나기 위해 방송 미디어를 활용하기도 합니다. 저녁이 되면 그날 있었던 일을 잊어버리기 위해 텔레비전 화면 앞에서 몇 시간씩 보내는 사람이 얼마나 많습니까? 그러나 소셜 미디어의 소통방식은 그것과 다릅니다. 즉 사람들의 참여를 장려하는 상호적이고 공동체적인 대화의 방식입니다.

아담 해밀턴은 페이스북을 사용하기 시작한 2006년에 소셜 미디어가 어떤 방식으로 사람들을 참여하게 하는 특성이 있는지를 알게 되었습니다. 해밀턴은 캔자스시티 지역에 위치한, 평균 예배 출석 인원이 8천 명이 넘는 대형교회인 부활연합감리교회의 담임목사입니다. 그에게 페이스북은 3만

---

21 요 15:15.

명이나 되는 '친구'들과 연결되고 소통하는 데 없어서는 안 될 도구입니다. 해밀턴은 일주일에 세 개에서 다섯 개 정도의 게시물을 올립니다. 대부분은 길이가 짧지만 어떤 것은 세 문단 정도의 글입니다.

그가 가장 잘 활용하는 방법 중 하나는 자칭 '크라우드 소스 설교'(crowd-sourcing sermon)[22]입니다. 우리가 대화를 나누기 전 주에, 그는 구세주로서의 예수님을 주제로 설교를 했습니다. 그리고 그 전 수요일에 그는 페이스북 친구들에게 이런 내용의 글을 올렸습니다. "나에게 이야기해 주세요. 예수님께서 어떻게 당신을 구원하셨나요? 어떤 상태에서 당신을 구원을 하셨고, 그 결과는 무엇인가요?" 그는 돌아오는 주일 설교를 위해 개인적인 이야기를 찾고 있으며, 아마 그중 두세 개를 골라 성도들과 나누게 될 것임을 명확히 밝혔습니다. 짧은 시간 안에 그는 40-50개의 댓글을 받았습니다. 그중에는 매우 감동적인 내용의 댓글들이 있었습니다.

한 여성은 열네 살짜리 아들이 집에서 스스로 목숨을 끊었는데, 예수님께서 어떻게 자신을 아들을 잃은 절망감에서 구원해 주셨는지를 말했습니다. 예수님께서 자신을 자기 의를 내세우는 독선에서 구해 주셨다는 사람들도 있었습니다. 어떤 사람들은 각종 중독에서 구해 주셨다고 말했습니다. 그 댓글을 읽는 사람은 누구나 이 실제적인 삶의 이야기에 감동을 받고 큰 깨달음을 얻을 수 있었습니다. 해밀턴은 그중 여섯 개의 이야기를 설교에 활용했고, 다른 여덟 개의 이야기는 성찬식 때 보여 줄 짧은 영상으로 만들었습니다. 그는 이렇게 말했습니다. "소셜 미디어는 매우 훌륭한 도구가 되

---

22 2014년 12월 9일, 아담 해밀턴과의 개인적인 인터뷰 내용.

어 주었습니다. 나는 실제 살아 있는 사람들, 그중 많은 사람이 주일마다 교회 회중석에 앉아 예배를 드리는 사람들에게서 그들의 이야기를 들을 수 있었습니다. 그것은 나에게 큰 도움이 되었습니다."[23]

사회화 시대에 우리는 단지 그런 경험을 즐길 뿐 아니라 만들어 낼 기회도 있습니다. 나는 솔직히 이 소셜 미디어 파티에 늦게 참여한 편입니다. 이를 통해 다른 사람과 연결뿐 아니라 깊이 있는 소통도 가능하다는 것을 경험하면서 생각을 바꾸게 되었기 때문입니다. 소셜 미디어를 통한 소통은 이메일보다 더 인격적이면서도 대면 방식의 대화만큼 부담을 주지는 않습니다. 때로는 그곳에 고해하는 느낌도 듭니다. 그러나 가장 좋은 것은 우리가 대화에 참여할 수 있다는 점입니다. 많은 경우 우리는 최종 결론을 도출하는 일에 도움을 주기도 합니다.

예수님은 매우 능숙하게 사람들의 삶에 참여하셨습니다. 한번 그런 사람들을 떠올려 보십시오. 그중 일부만 언급하면, 바닷가의 비린내 나는 어부, 우물가의 사마리아 여인, 멸시받는 세리, 경멸당하는 창녀, 자기 의로 가득한 바리새인, 어린아이, 시각장애인, 로마 군대의 백부장, 부정한 나병환자와 같은 사람들입니다. 그분은 사람들의 삶에 매우 폭넓게 참여하셨음을 인정할 수밖에 없습니다. 소셜 미디어를 통해 우리는 그분의 모범을 따라 다른 방법으로는 할 수 없는 대화를 시도함으로 다른 사람들의 삶에 참여하는 폭을 넓힐 수 있습니다. 그것이 진정한 대화가 되도록 하려면 우리는 기꺼이 대화를 통제하지 않겠다는 자세를 가져야 합니다.

---

23   같은 곳.

대화를 통제하지 말라

아마 당신은 이 사람에 대해 한 번도 들어 본 적이 없을 것입니다. 나도 그를 몰랐습니다. 그러나 그는 인터넷과 소셜 미디어 덕분에 남태평양에서 가장 유명한 고래가 되었습니다. 2007년 일본 정부는 남극해 고래보호구역에서 혹등고래 사냥을 제한적으로 허용했습니다. 그린피스는 즉시 이 결정에 반대해, 이 거대한 포유동물의 움직임을 파악하기 위해 추적용 칩을 사용하기로 했습니다. 사람들의 관심을 불러일으키기 위해 그들은 이름 짓기 캠페인을 통해 고래를 인격화하기로 결정했습니다. 그들은 인터넷 투표를 진행하면서 아이코(Aiko), 마나미(Manami), 카이마나(Kaimana) 같은 남태평양 문화를 반영한 이름을 포함해 30개의 선택지를 제시했습니다. 그 목록에는 미스터 첨벙 팬츠(Mr. Splashy Pants)라는 이름도 있었습니다.[24]

여러 이름 중 하나가 큰 인기를 끌었습니다. 블로거들과 레딧(Reddit), 파크(Fark), 보잉보잉(BoingBoing) 같은 소셜 뉴스 웹사이트들은 팔로워들에게 투표를 독려했습니다. 그 결과 미스터 첨벙 팬츠는 5퍼센트에서 하루만에 70퍼센트로 인기가 급상승했습니다. 확실한 승자가 결정된 듯 했지만, 그린피스의 몇몇 사람이 더 나은 이름이 선택되기를 바랐기에 투표 기간을 일주일 더 연장했습니다. 이 결정은 이름 짓기 콘테스트를 일종의 중대한 미션으로 격상시키는 결과를 가져왔습니다. 이를 위해 인터넷 커뮤니

---

24 "Mister Splashy Pants the Whale—You Named Him, Now Save Him," Greenpeace International, December 10, 2007, Greenpeace International, December 10, 2007, http://www.greenpeace.org/international/en/news/features/splashy-101207/.

티들이 결집하기 시작했습니다. 페이스북 그룹들이 만들어지기도 했습니다. "양심을 위해, 미스터 첨벙 팬츠를 위해 투표하라!"[25]라는 구호도 생겼습니다.

최종적으로 거의 12만 명에 달하는 사람이 미스터 첨벙 팬츠에 투표해 전체의 78퍼센트의 득표율을 보였습니다.[26] 다음으로 많은 표를 얻은 이름은 3퍼센트의 득표율에 그쳤습니다.

인터넷 커뮤니티들은 몹시 기뻐했습니다. 레딧의 공동 설립자 알렉시스 오헤니언(Alexis Ohanian)은 이렇게 말했습니다. "모두가 뉴스 진행자의 입에서 '미스터 첨벙 팬츠'라는 이름이 나오기를 기대했습니다. 그것이 이런 결과를 가져오도록 도운 것입니다."[27] 이 일은 결과적으로 그린피스에도 도움이 되었습니다. 그들은 그 이름을 상품화해 '미스터 첨벙 팬츠를 구하자!'라는 문구를 새긴 티셔츠와 배지를 판매하는 캠페인을 벌였습니다. 그리고 결국 그들의 목표를 이루었습니다. 매스컴의 자발적인 관심과 사람들의 추가적인 관심은 일본 정부가 고래 사냥 캠페인을 멈추게 하는 데 큰 역할을 했습니다.

우리는 이 일에서 무엇을 배울 수 있을까요? 당신이 인터넷에서 무언가를 시작할 때는 기꺼이 그것을 통제하지 않을 수 있어야 한다는 것입니다.[28] 그것은 이제 당신만의 것이 아니라 더 큰 공동체의 일부가 되기 때문입니다

---

25 Alexis Ohanian, "How to Make a Splash in Social Media" (2009년 12월 TED 강연), http://www.ted.com/speakers/alexis_ohanian.
26 "고래 미스터 첨벙 팬츠."
27 같은 곳.
28 같은 곳.

다. 그리고 그린피스가 깨닫게 된 것처럼, 그래도 괜찮습니다.[29]

    기독교 공동체 안에 있는 우리는 우리의 사역에 대해 지나치게 진지한 태도를 취하기 쉽습니다. 그것은 단순히 사느냐 죽느냐의 문제보다 훨씬 중요하기 때문입니다. 우리의 사역은 영적인 현실과 영원한 운명을 다룹니다. 그러나 우리의 메시지에 사람들이 어떤 반응을 보이는가 하는 것은 우리가 통제할 수 있는 것이 아닙니다. 사람의 마음을 변화시키는 것은 사람이 할 수 있는 일이 아닙니다. 결과까지 통제하려는 태도를 좀 느슨하게 하고 매사에 너무 진지한 태도를 좀 더 내려놓을 때, 우리는 하나님께서 일하시는 공간을 더 넓혀 드릴 수 있게 됩니다.

    믿음을 나누는 일은 어떤 상황에서든 다른 사람과의 관계성 속에서 이루어집니다. 우리는 소셜 미디어라고 하는 담대하고 새로운 세상에서도 사람들과 온전히 함께할 수 있고, 또 생명을 구원하는 예수님의 사역을 위해 마땅히 그렇게 해야만 합니다. 그러나 하나님께 쓰임을 받아 세계로 나아가려면, 우리는 기꺼이 통제하지 않을 준비가 되어 있어야 합니다. 사람들의 손에 자신을 내맡기셨던 예수님처럼 말입니다.

---

29   Laura McCormack, "Mr. Splashy Pants," *Second Chance Solutions* (blog), September 28, 2014, http://secondchancesolutions.blogspot.com/2014/09/mr-splashy-pants.html.

기도

주 예수님, 아직 주님을 알지 못하는 세상의 많은 사람을 위해 기꺼이 통제하지 않을 수 있도록 도와주세요.

주의 말씀을 내 마음에 두었나이다

"사람이 친구를 위하여 자기 목숨을 버리면 이보다 더 큰 사랑이 없나니" (요15:13).

결론: 지금은 안 될 이유가 있는가?

"기도하면 우연처럼 보이는 일이 일어납니다.
기도하지 않으면 그런 일은 일어나지 않습니다."

– 윌리엄 템플(William Temple) 대주교

"가장 좋은 것은 하나님이 우리와 함께 계신다는 것입니다."

– 존 웨슬리, 87세의 나이로 죽기 직전에 남긴 말

결국 이 모든 이야기는 굿피플에 대해 말하기 위해서입니다. 미국 전체에는 우리의 친구 조와 샐리같이 사실상 비기독교인으로 살아가는 사람이 적어도 1억 8천 명이나 됩니다.[1] 비록 전 세계적으로는 기독교가 성장하고 있지만, 미국에서 기독교 신앙을 고수하고 있는 사람의 수는 점점 줄어들고 있습니다.

젊은 세대의 교회 출석률은 심각할 정도로 저조합니다.[2] 이 작은 책은 영적인 부흥운동을 다시 일으킬 수 있는 방법을 제안합니다. 성령께서 존 웨슬리와 다른 사람들을 통해 교회 갱신을 위한 부흥운동에 불을 붙이시기 전 18세기 영국의 영적인 상황은, 여러 면에서 지금 우리의 상황과 비슷

---

1   Hunter, *The Recovery of a Contagious Methodist Movement*, 28.
2   George Barna and David Kinnaman, eds., *Churchless*.

했습니다. 웨슬리의 부흥운동의 탁월함은, 그가 차갑고 무심했던 사람들의 삶에 함께함으로 그들을 온 세상을 개혁하는 뜨거운 마음을 지닌 예수님의 제자들로 변화시킨 방식에서 발견할 수 있습니다. 우리도 그렇게 할 수 있습니다. 그 시대에 교회에 다니지 않던 대중에게 다가간 초기 메소디스트 부흥운동의 일곱 가지 방법을 우리도 되찾을 수 있습니다. 그 일곱 가지 방법은 이것입니다.

> 영적으로 방황하는 사람들을 위해 하나님의 마음을 품도록 기도하십시오.
> 사람들이 있는 곳으로 찾아가십시오.
> 그들의 언어로 말하기를 배우십시오.
> 예배에서 그들의 마음에 초점을 두십시오.
> 깨달음을 얻은 사람을 소그룹 모임 안에 품으십시오.
> 그들이 봉사에 참여하도록 도우십시오.
> 복음의 메시지를 가지고 세계로 나아가십시오.

우리가 이 일곱 가지 실천 방안을 21세기의 상황에 맞도록 수정해 개인, 소그룹, 교회가 사용할 수 있도록 재정비한다면, 성령의 새로운 물결이 일어날 것입니다. 하나님께서는 우리를 우리의 시대에 사용하셔서 많은 비그리스도인을 예수님 및 그분의 교회와의 관계로 인도해 그들을 변화시키실 것입니다.

예수님께서는 자신의 사명을 분명히 말씀하셨습니다. "인자가 온 것은 잃어버린 자를 찾아 구원하려 함이니라."[3] 그분이 그물을 던지던 어부 몇 사람에게 다가가 그들을 초대하시며 하신 말씀은, "나를 따라오라 내가 너희를 사람을 낚는 어부가 되게 하리라"[4]라는 것이었습니다. 예수님은 지금도 여전히 하나님을 떠나 표류하는 사람들을 사랑하셔서 그들을 하나님의 품으로 낚아 올리고 계십니다.

예수님은 제프와 제니 같은 굿피플을 지금도 찾아가십니다. 이 두 사람은 약 7년 전 어느 날 교회에 오더니 무척 좋아했고, 우리의 새신자 교육에 참여하기로 결정했습니다. 그때 나는 제프가 아직 신자가 아닌 것을 알게 되었습니다. 그런데도 그는 기독교를 좋아했습니다. 그는 "모든 사람이 기독교인만 같았으면 세계가 평화로웠을 겁니다"라고 말하곤 했습니다. 그러나 그에게는 자신의 삶을 주님께 위탁할 만한 믿음이 아직 없었습니다. 그래서 그는 아내가 교회에 등록해 축하받을 때 아내 곁에 서 있으면서도 아내와 함께 서약할 수가 없습니다.

제니는 곧 내 아내가 인도하는 어머니 모임에 참여하게 되었습니다. 그 모임의 몇몇 여성은 아직 남편이 그리스도인이 아니어서, 그들은 제프를 포함해 남편들이 그리스도께로 돌아올 수 있도록 계속해서 기도했습니다.

어느 봄날, 제니는 영적인 훈련에 대한 강의를 듣고는 용기를 내, 그해 8월에 교회에서 주최하는 글로벌 리더십 서밋(The Global Leadership

---

[3] 눅 19:10.
[4] 마 4:19.

Summit)이라는 콘퍼런스에 참여하기로 했습니다. 처음에는 자신에게 맞지 않는 일이라 여겨 주저했으나, 한번 시도해 보기로 한 것입니다. 제니는 콘퍼런스 일정 중 일부에만 참여할 수 있었지만, 여러 강사 중 『사랑으로 변한다』(Love Does, 아드폰테스)라는 유명한 책의 저자 밥 고프(Bob Goff)의 강의에서 큰 깨달음을 얻었습니다. 그의 넘치는 열정과 현실적인 메시지는 제니의 마음을 사로잡았습니다. "하나님을 사랑하고, 다른 사람을 사랑해, 무엇인가를 하십시오!" 자신의 남편이 뭔가 행동으로 옮기기를 좋아하는 것을 알았던 제니는, 밥의 메시지가 어쩌면 그에게 와 닿을 수 있겠다고 생각했습니다. 그런 희미한 희망을 가지고 그녀는 그 책을 샀습니다.

제프는 회사에서 큰 책임을 맡고 있는 바쁜 사람이었습니다. 거기에다 집에는 세 명의 활동적인 아들이 있어 그가 그 책을 다 읽는 데는 꽤 시간이 걸렸습니다. 11월에 그는 휴스턴으로 출장을 가면서 그 책을 챙겨갔습니다. 비행기에 올라 책을 읽으면서 그는 왜 아내가 그 책을 권했는지 이해할 수 있었습니다. 재미 있으면서도 매우 의미 있는 책이었습니다. 집으로 돌아오는 길에 그는 시카고에서 아내에게 그 책을 정말 재밌게 읽고 있다고 문자를 보냈습니다. 그러면서도 그는 아내가 실망할 것이라 생각했습니다. 그 책을 좋아할 뿐 자신이 그녀가 바라는 회심을 경험한 것은 아니기 때문입니다. 분명히 좋은 책이지만 거기에 자신을 회심하게 할 만한 내용이 들어 있지는 않았습니다.

제프는 작은 비행기에 올라 책을 계속 읽고 있었습니다. 비행기가 스프링필드에 착륙한 뒤 비행기에서 내리고 있는데, 누군가가 그의 어깨에 손을 얹고는 "제 책이 좀 어떤가요?"라고 물었습니다.

제프가 "무슨 뜻이죠?"라고 말했습니다.

그 사람이 대답했습니다. "안녕하세요. 제가 밥 고프입니다."

제프는 믿을 수가 없어 "네? 당신이 밥 고프라니요?"라고 말했습니다. 제프는 이 전국구 유명 강사이자 <뉴욕타임스> 베스트 셀러 작가가 사는 곳이 샌디에이고라는 것을 알고 있었습니다. 그가 일리노이주 스프링필드에 착륙한 작은 비행기에 있을 리가 없었습니다.

그 사람은 이렇게 대꾸했습니다. "저 맞아요. 저기 한번 보세요!" 그는 터미널 입구에 한 팻말을 들고 있는 사람을 가리켰습니다. 거기에는 "밥 고프"라고 적혀 있었습니다.

그 순간 제프는 할 말을 잃고 말았습니다. 한동안은 숨도 제대로 쉬기 힘들 정도였습니다. 수하물을 기다리는 동안 두 사람은 잠시 이야기를 나눌 기회를 얻었습니다. 그는 밥이 한 청소년 콘퍼런스에서 강연하기 위해 그곳에 온 것을 알았습니다. 팻말을 들고 있는 사람에게 지금까지 있었던 모든 일을 말해 준 후 제프는 "밥, 당신이 방금 제 인생을 바꾸어 놓았습니다"라고 말했습니다.

밥이 "우리 같이 사진 찍을까요?"라고 말했습니다. 두 사람은 무슨 일이 있었는지 알았기에 미소를 지으며 수하물 찾는 곳을 배경으로 같이 사진을 찍었습니다. 제프는 이 순간이 있기까지 있었던 그 많은 세밀한 일이 결코 우연일 수 없음을 알았습니다. 그것이 그의 이성적인 두뇌의 회로를 날려 버리고 그의 마음을 뜨겁게 했습니다. 그는 난생처음 이 세상을 초월

하는 사랑을 느꼈습니다. 그는 이렇게 말했습니다. "이건 하나님이 나와 함께 계시다는 증거야!"

그로부터 몇 주 후 제프는 그리스도의 제자로서 교회 회중 앞에서 세례를 받았습니다. 그가 들려준 이야기의 충격은 그의 가족뿐 아니라 우리 교회와 그 너머에까지 영적 파장을 일으켰습니다. 제프는 지금 남성들의 소그룹 모임과 주일 아침의 자녀 양육 교실에 참여하고 있으며, 하나님께서 자신을 어떤 섬김의 사역으로 이끄시는지를 찾는 과정에 있습니다.

공항에서 그런 경험을 하고 며칠이 지난 후 그는 이렇게 말했습니다. "사실 나는 마음 깊은 곳에서는 정말로 믿고 싶었어요. 단지 그럴 수가 없을 뿐이었죠. 내게 믿음이 없었기 때문이에요. 내게는 누구도 조작해 낼 수 없는 10억 분의 일의 경험이 필요했어요."

나는 넌지시 말했습니다. "당신이 필요로 했던 것은 초자연적인 증거였군요."

그는 잠시 생각한 후, "맞아요. 그것이 필요했어요"라고 대답했습니다.

하나님은 지금도 초자연적인 일을 행하고 계십니다. 하나님의 성령의 역사는 지나간 과거의 멀리 떨어진 어떤 곳에서만 일어난 것이 아닙니다. "예수 그리스도는 어제나 오늘이나 영원토록 동일하시니라."[5] 내가 아는 대부분의 그리스도인은 그 마음 깊은 곳에서 날마다 잃어버린 영혼을 회복시키고, 깨어진 심령을 치유하며, 분열된 사람들을 하나가 되게 하고, 가난한 사람들이 다시 일어서도록 도와, 온 세상을 변화시키는 부흥운동의 일부가

---

5 히 13:8.

될 수 있기를 소원합니다. 그러나 그들은 매년 시간이 갈수록 점점 더 열매가 줄어드는 교회의 오랜 방식에 갇혀 무력감을 느낍니다. 이제 당신 앞에는 과거를 되짚어 봄으로 변화를 향해 앞으로 나아가라는 초대장이 놓여 있습니다. 웨슬리와 초기 메소디스트 부흥운동은 우리에게 많은 것을 가르쳐 주었습니다. 그들이 실천했던 것들을 우리가 겸손한 마음으로 본받는다면 우리도 하나님의 새로운 부흥을 경험하게 될 것입니다.

굿피플을 소개합니다: 믿음을 나누는 웨슬리의 7가지 방법

Copyright ⓒ 웨슬리 르네상스 2022

초판1쇄 2022년 7월 1일

지은이   로저 로스
옮긴이   장성결, 장기영
펴낸이   장기영
편   집   장기영
표   지   장성결
교정·윤문 이주련
인쇄   (주)예원프린팅

펴낸곳   웨슬리 르네상스
출판등록 2017년 7월 7일 제2017-000058호
주   소 경기도 부천시 호현로 467번길 33-5, 1층 (소사본동)
전   화 010-3273-1907
이메일   samhyung@gmail.com

ISBN 979-11-966084-8-4 (03230)
값 16,000원

이 책은 저작권법에 따라 보호받는 저작물이므로 무단 전재와 복제를 금지하며
책 내용의 일부를 이용하려면 저작권자의 동의를 받아야 합니다.